唐诗的智慧

秦敏　王晶　王兆夫　著

学林出版社

图书在版编目(CIP)数据

唐诗的智慧/秦敏,王晶,王兆夫著. —上海:学林出版社,2013.12
ISBN 978-7-5486-0481-5

Ⅰ.①唐… Ⅱ.①秦…②王…③王… Ⅲ.①唐诗—诗歌欣赏—通俗读物 Ⅳ.①I207.22-49

中国版本图书馆 CIP 数据核字(2013)第 182097 号

唐诗的智慧

著　　者——秦　敏　王　晶　王兆夫
责任编辑——解永健
封面设计——周剑峰

出　　版	上海世纪出版股份有限公司　学林出版社
	地址:上海钦州南路81号　电话/传真:64515005
发　　行	中国图书进出口上海公司
	地址:上海市广中路88号　电话:36357888
排　　版	南京展望文化发展有限公司
字　　数	14万
书　　号	ISBN 978-7-5486-0481-5/I·87

(如发生印刷、装订质量问题,读者可向工厂调换。)

目 录

才 学 篇

"推"和"敲" ……………………………………………… 3
含蓄的艺术 ……………………………………………… 5
野火烧不尽,春风吹又生 ……………………………… 7
前度刘郎今又来 ………………………………………… 10
善于观察生活 …………………………………………… 12
急中生智,化险为夷 …………………………………… 15
因诗避祸的智慧 ………………………………………… 17
青出于蓝而胜于蓝 ……………………………………… 20
狱中献诗明冤屈 ………………………………………… 23
慧眼识王维 ……………………………………………… 26
勿以貌取人 ……………………………………………… 29
历史胜于雄辩 …………………………………………… 31
五步成诗 ………………………………………………… 34
自古英雄出少年 ………………………………………… 36
李义府咏乌高升 ………………………………………… 38

女皇与牡丹 …… 40
七岁奇女子咏诗送行 …… 42
韩愈听琴 …… 44
千金买壁 …… 48
七绝圣手 …… 50
诗胆大于天的刘叉 …… 52
"一字师" …… 54
一将功成万骨枯 …… 56
旗亭画壁 …… 58
女中诗豪 …… 60

情 谊 篇

友谊是人生的财富 …… 65
情深误哭应无悔 …… 67
患难之交 …… 69
心胸宽广,海纳百川 …… 71
对待朋友要真心 …… 74
恶语伤人六月寒 …… 76
留心"糖衣炮弹" …… 78
赠人玫瑰,手有余香 …… 80
生活中要添加一点小幽默 …… 82
元白唱和咏友谊 …… 84
李杜友谊传千古 …… 86
一字千金 …… 88

王维献曲	91
元稹哭妻	93
杜牧失约	96
郭绍兰托燕寄书	99
人面桃花	101
并蒂莲花	103
宫女战袍传情	104
绿珠怨	105
山妻不信出身迟	106
阿倍仲麻吕的故事	107
宫女韩氏题诗红叶结良缘	109
赵氏"讽"夫	111

孝 义 篇

仁爱之心	115
忠诚比智慧更有价值	118
不要强人所难	120
家乡是心灵的归宿	122
李白的另一面	124
夜遇花神的传说	126
孟郊思母	129
枫桥夜泊忆亲情	131
"司空见惯"背后的故事	133
知恩图报是君子	135

连寇盗也敬畏的民族气节 …………………… 138
承诺是一种责任 ……………………………… 140
对朋友要讲义气 ……………………………… 142
以诗送礼的智慧 ……………………………… 144
板荡识忠臣 …………………………………… 147
谁说红颜为祸水？ …………………………… 149
高将军写诗 …………………………………… 151
献诗明志 ……………………………………… 153
顾况东望瀛洲 ………………………………… 155
李白倒骑驴 …………………………………… 157
名与利皆浮云 ………………………………… 160
老杜的忧国忧民 ……………………………… 162

励 志 篇

"诗仙"的谦虚 ………………………………… 167
以人为师 ……………………………………… 170
只要功夫深，铁杵磨成针 …………………… 172
时刻保持学习的激情 ………………………… 174
李贺和他的小布袋 …………………………… 177
挫折成就天才 ………………………………… 179
珍惜生命中的贵人 …………………………… 181
做人要有远大志向 …………………………… 184
惜时如金 ……………………………………… 186
韩愈——成长本身就是励志故事 …………… 188

坚持做自己 ………………………………………… 191
崔橹的"负荆请罪"诗 …………………………… 193
高蟾愤然著诗 …………………………………… 195
让理想照进现实 ………………………………… 197
世态炎凉当自知 ………………………………… 199
韬光养晦的处世哲学 …………………………… 201
自导自演求关注 ………………………………… 203
自大的后果 ……………………………………… 205
唐太宗诗悼魏徵 ………………………………… 208
不拘一格降人才 ………………………………… 210
贺知章求饼 ……………………………………… 212
春风得意马蹄疾 ………………………………… 214
浪子回头金不换,大器晚成看应物 …………… 216
王勃与当仁不让 ………………………………… 218
薛涛以柳絮喻己 ………………………………… 220
贪念是一把利刃 ………………………………… 222

才 学 篇

"推"和"敲"

贾岛是唐朝著名的苦吟派诗人,人称"诗囚"或者"诗奴"。他自谓"两句三年得,一吟双泪流",著有《长江集》十卷,录诗370余首。所谓苦吟就是指为了一句诗或是诗中的一个词,诗人们可以耗费心血反复琢磨,以求得到最好的作品。

贾岛早年贫寒,但是他为人十分刻苦认真。一次,他正在琢磨一首诗,名叫《题李凝幽居》:

闲居少邻并[1],草径入荒园。
鸟宿池边树, 僧敲(推)月下门。
过桥分野色, 移石动云根[2]。
暂去还来此, 幽期不负言。

诗虽然已经完稿,但是他还有一处拿不定主意。他先是认为"敲"字有点不太合适,不如"推"好。但是反复吟诵之后,又认为"推"字比"敲"适合。就这样,问题困扰了他好几天,他甚至到了废寝忘食的地步了。

又过了几天,贾岛骑着毛驴在道上散步,心里面还是在纠结着"推"与"敲"的问题。不知不觉中,他闯进了大官韩愈的仪仗队。侍卫把贾岛五花大绑,带到韩愈的面前。韩愈一看来人是个眉头紧锁的青年,就问他为什么闯进自己的仪仗队。贾岛把自己做的那首诗念给韩愈听。韩愈听了,摸了摸胡须,对贾岛说:"我看还是用'敲'字好,即使是夜深人静的时候拜访友人,敲门代表你是一个有礼貌的人。而且一个'敲'字,在夜深人静之时,多了几分声响。再说,读起来也响亮些。"贾岛听了连连点头。他不但没受处罚,还和韩愈交上了朋友。

推敲从此成了脍炙人口的常用词,用来比喻做文章或做事时,反复琢磨,反复斟酌。

【心灵语丝】

诗人为了一个字反复推敲,这种一丝不苟的写作精神,对我们的启示应该是不言而明的。俗话说:"文章不厌百回改。"在平时为文做事方面也要保持这样的一份严谨态度。做任何事情不能只靠一时的冲动和激情,在事情进入轨道的时候要预想一下可能产生的结果,盲目是不可取的。智在于治大,慎在于畏小,一次深思熟虑,胜过百次草率行动。静观默察,心如止水,谦虚谨慎,则事易成。谨慎还是远离危险、确保安全的良方,多数情况下,谨慎比鲁莽更能制胜。

【古诗注解】

[1] 邻并:一起居住的邻居。

[2] 移石动云根:山顶云脚腾挪飘移,仿佛山石在移动。

云根:古人认为云生在山石上,"石"为云根。

含 蓄 的 艺 术

在唐代,大凡参加进士考试的,有一个虽不成文但却颇为实用的做法。考生在试前凭着有声望的人士引荐,可以很快地被主考官关注,从而顺利取得功名。

在京城赶考的考生朱庆余[1]与著名诗人张籍有幸邂逅,两人在交谈后,张籍对他的才学很是欣赏,有意栽培和举荐。但试后等候揭榜的那些日子,朱庆余心中仍没有多少把握,究竟他能否被录取。于是,他便写了一首题为《近试上张水部》的七言绝句,把它呈给张籍来试探考试结果。全篇云:

洞房昨夜停红烛,待晓堂前拜舅姑。
妆罢低声问夫婿:"画眉深浅入时无?"

这诗是说为了讨取长辈的欢心,新媳妇细心打扮妥帖。这无疑是朱庆余探问自己用心写就的诗文是否合适,以至于能否被主考官赏识而终被录取。张籍看到这首用含蓄委婉手法写就的诗作,不觉笑了一笑。轻捋着胡子也同样用美人来比拟考生,回作了一首诗:

> 越女新妆出镜心，自知明艳更沉吟。
> 齐纨未足时人贵，一曲菱歌敌万金。

  该诗的意思是说，您就不必担心了，像您这样有水平的考生，试官一定会青睐有加的。果然不出所料，已经得到张籍宣传和引荐的朱庆余最终考取了进士。这段佳话也流传了下来，成为后人赏拔人才的绝佳范本。

【心灵语丝】

  中国人素来推崇含蓄美。含蓄美是一种艺术智慧：含而不露，意在言外，令人静静地退思冥想而回味不尽。有的时候一个比喻或是一种暗示不仅可以传达真实的意图，还能避免尴尬和不必要的麻烦。含蓄是一种说话的艺术，更是一种处世的哲学。含蓄美的情趣、意趣和理趣是一个无垠的艺术空间，也是日常生活中的趣味，它显示了人的涵养、知识和智慧。所以，在日常的生活中，并不一定事事都讲究通达和直白，一点含蓄或许能带出一些幽默的趣味来。

【古诗注解】

  [1] 朱庆余，生卒年不详，越州（今浙江绍兴）人，公元826年（宝历二年）进士及第，官秘书省校书郎，诗学张籍，近体尤工，清丽浅切，而巧思动人。有《朱庆余诗集》。

野火烧不尽,春风吹又生

白居易(772—846),字乐天,晚年又号香山居士,下邽(今陕西渭南北)人,其先太原(今属山西)人,唐代伟大的现实主义诗人,中国文学史上负有盛名且影响深远的诗人和文学家。他的诗歌题材广泛,形式多样,语言平易通俗,有"诗魔"和"诗王"之称。有《白氏长庆集》传世,代表诗作有《长恨歌》、《卖炭翁》、《琵琶行》等。

白居易少年老成,16岁时诗才已经不同凡响。他只身来到了京城长安,拜访了为朝廷起草诏令的顾况,希望顾老前辈对自己的诗作提些建议。但顾况一向自视甚高,很少接见后辈学者。那天傍晚,一个行色匆匆的小青年递上了自己的名刺,并在诗稿的封面署上"白居易"三个工整的楷体字。顾老先生非常不屑,漫不经心地浏览起白居易呈给他的诗稿。一打开扉页,里头第一首是题为《赋得古原草送别》的五律,其诗云:

离离[1]原上草, 一岁一枯荣。
野火烧不尽, 春风吹又生。
远芳[2]侵古道[3],晴翠[4]接荒城[5]。
又送王孙去, 萋萋[6]满别情。

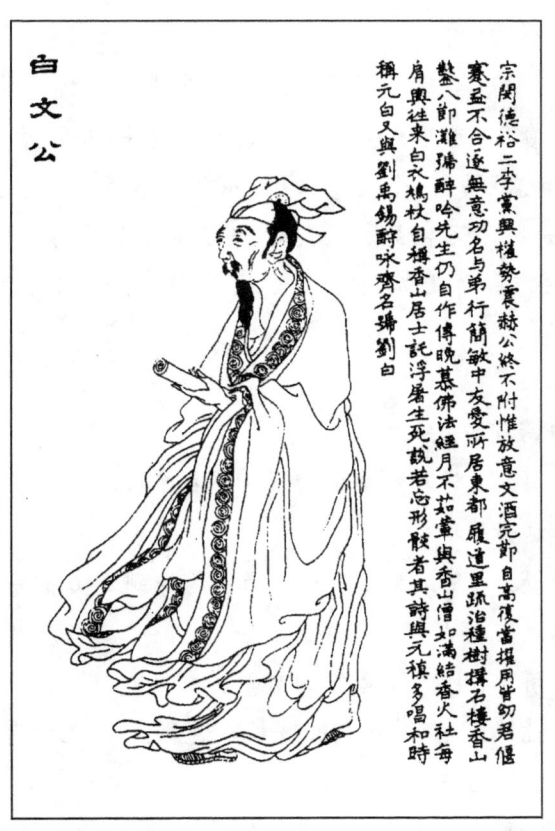

白居易

当他看到颔联"野火烧不尽,春风吹又生"时,眼睛蓦然一亮,顾老诗人就再也不能移开目光了。这个时候,他已不敢再漫不经心了。他一手捻着略已花白的胡须,一手紧握着诗稿,转而细细地品味起来,并不时点了点头。就这样,得到了诗人顾况的大力赞扬和多方介绍,少年白居易的诗名顿时便传遍了整个京城。

【心灵语丝】

野草所蕴涵着的顽强生命力,纵然在历经野火焚烧之后,一经春风,它便又生机勃勃地绽出嫩芽,并开始生长和迅速繁衍起来了。一个人,在逆境中顽强斗争,拥有信念和理想的人是坚不可摧的。在失败和伤痛袭来的时候需要的不是自怨自艾,而是如何迎头承接痛苦,并把它化作成长的养料。

【古诗注解】

[1] 离离:青草茂盛的样子。原:原野。

[2] 远芳:草。

[3] 侵:侵占,覆盖。侵古道:延伸到远方的一片野草,侵占了古老的道路。

[4] 晴翠:阳光下翠绿的野草。

[5] 荒城:荒凉、破损的城镇。连同上句之古道,皆用以点染古原景色。

[6] 萋萋:青草长得茂盛的样子。

前度刘郎今又来

刘禹锡(772—842),字梦得,唐代洛阳人。他在政治上主张革新。永贞革新失败后,刘禹锡被贬为朗州司马。十年后,被朝廷"以恩召还",回到长安。这年春天,他去京郊玄都观[1]赏桃花,写下了《玄都观桃花》这首诗,其云:

紫陌红尘拂面来,[2]无人不道看花回。[3]
玄都观里桃千树,[4]尽是刘郎[5]去后栽。

不料又因诗句"玄都观里桃千树,尽是刘郎去后栽"触怒新贵,再次被贬为连州刺史。刘禹锡在诗中,把玄都观的千株桃树比作朝廷中的新贵,一起笔便暗示了新贵声势显赫、满朝趋奉的情景;后面两句则讽刺他们是作者离开朝廷后才爬上高位的政治暴发户。作品名曰《玄都观桃花》,可诗人开篇却并未写桃花,而是渲染京城大街小巷喧闹的场面,写观花归来的人,用意何在?"紫陌红尘拂面来",京城里大街小巷到处都是喧闹不堪,尘土飞扬,这是去玄都观看花的人闹得吗?不是。那又是谁呢?作品要的就是这种效果,让读者去想,想其中暗喻的那些依靠阿谀奉承起家的新权贵们,是那些人把京城搞得乌烟瘴气,烟尘扑面。再看看"无人不道看花回"。在这里,诗人写"看花",没有"去",只写了"回",并且是"无人不道",这四个字巧妙地再现了人们看花以后归途中的满足心情和愉快神态。这流露于外的心情、神态,有看花后的真实感受,更有攀附权贵的奸佞小人的洋洋自得。

"玄都观里桃千树,尽是刘郎去后栽",意为玄都观里的上千棵桃树都是我离开京城后才栽种的。但是,这只是表面,不是诗人要揭露的本质所在。诗句蕴含的深刻意义在于:那些新贵们都是靠阿谀献媚攀爬上高位来的,根本不值得一观。借题发挥,讽刺那些政治暴发户,表达了诗人内心极大的鄙视和无情的讽刺。

【古诗注解】

[1] 玄都观:观,道教庙宇。玄都,观名。

[2] 紫陌:京城的街道。红尘:大路上扬起的尘埃。紫陌红尘拂面来:京城的街道上,人来人往,飞尘迎面扑来。形容街市繁华,车马行人众多。

[3] 无人不道看花回:街上来来往往的行人都是去玄都观看桃花的。不道,不说,这里有"不是"的意思。

[4] 桃千树:千株桃花。千,此为不确定数。

[5] 刘郎:作者自己。

善于观察生活

鹅鹅鹅,曲项向天歌,
白毛浮绿水,红掌拨清波。

这是"初唐四杰"之一的骆宾王七岁时写的著名诗篇。骆宾王(约627—约684),字观光,婺州义乌(今属浙江)人。与王勃、杨炯、卢照邻合称"初唐四杰",又与富嘉谟并称"富骆"。徐敬业起兵,曾为作《讨武氏檄》。兵败后,一说他逃脱为僧。骆宾王很小的时候就展现出了明显的才华,传说在他七岁的一天上午,家里来了客人。骆宾王的母亲忙着接待客人,暂时忽略了小宾王。等到空下来的时候,才发现骆宾王不见了。母亲急了,四处寻找骆宾王。村里人告诉她小宾王往村后去了。村后有个大池塘,宾王的母亲想到这里更加着急了。她连忙赶到村后一看,只见小宾王坐在塘边草地上,他面前浅水塘里几只鹅在水面上游来游去。小宾王认真地看着,一动不动地呆在那里。

原来,骆宾王从小就非常喜欢观察景物,这一次他被这几只鹅迷住了。他看到妈妈,伸手指着塘里游水的鹅,说:"妈妈,你看,水里的鹅叫起来,游来游去多么好看啊!"骆宾王正说着,刚好他家那个客人也来到塘边,客人听了小宾王

骆宾王

的话就笑着问:"好哇,那你就以'咏鹅'为题,编一首诗,编不编得出来?"骆宾王看了看客人,又看了看母亲,仰起小脑袋,一副很自信的样子,一口气念出了前面讲到的那首《咏鹅》。骆宾王七岁写《咏鹅》的事情就这样传开了。

【心灵语丝】

很多学生都抱怨写作文没有内容,其实最大的问题就是他们不懂得观察生活。我们的周围天天在发生不一样的故事,天天都会存在新的变化。只要善于观察,并且乐于联想,处处都能成为题材。所以,生活是作文的活的源头,我们要善于观察生活,才能做生活的有心人。

【名人、名言点拨】

观察,观察,再观察。 ——巴甫洛夫

观察对于儿童之必不可少,正如阳光、空气、水分对于植物之必不可少一样。在这里,观察是智慧的最重要的能源。

——苏霍姆林斯基

细节在于观察,成功在于积累。 ——爱默生

对微小事物的仔细观察,就是事业、艺术、科学及生命各方面的成功秘诀。 ——史迈尔

急中生智,化险为夷

王建[1]任渭南县尉,与大宦官王守澄同在京城,因为是同宗,所以关系亲密,王守澄更是以弟称呼他。两人经常相聚饮酒,在闲聊中,王守澄无意中透露一些宫中禁事。但是说者无心,听者有意,王建将这些素材加工写成了宫词。

有一次,两人饮酒正在兴头上,没想到王建开玩笑过了头。王守澄非常生气,就想警告他别胡说乱讲:"我弟所作《宫词》,内容涉及皇宫禁地之事,你是怎么知道的?要是上报皇帝,后果你是晓得的。"这非同小可,是杀头之罪。王建吓得够呛,急中生智。他知道王守澄是故意将责任推卸给他,如果真的出事,那么他可能就会被当作替罪羊。于是,他决定先下手为强,镇住王守澄,于是写了一首诗《赠王枢密》:

三朝行坐镇相随,今上春宫见小时。
脱下御衣先赐著,进来龙马每教骑。
长承密旨归家少,独奏边机出殿迟。
自是当家亲向说,九重争得外人知[2]。

王守澄接到诗,气恨交加,他原本是想整一整口无遮拦的王建,不想王建倒打一耙,惹火烧身,有口难辩,只好作罢。

【心灵语丝】

"急中生智"的意思是在突如其来、万分紧急的情况下猛然想出了个好主意、好办法。人的潜能是无穷的,急中生智,遇事一定不能慌乱。急中生智表现了思维的变通性和灵活性。能急中生智的人,他们才思敏捷,敢于打破思维定势,在危急时头脑里能立即产生许多应急办法,并当机立断,付诸行动。

【古诗注解】

[1] 王建(约766—约830),字仲初,颖川(今河南许昌)人,大历进士。作《官词》一百首颇有名。正是因为写宫词,险遭杀身之祸,但凭智慧,赋诗镇住大宦官,化险为夷。

[2] 诗中说你是三朝元老,整天跟随皇上。当今皇帝还是小太子的时候你就开始侍候,太子脱下衣服先赐给你,马厩里添了新马,先让你骑。经常草拟秘密诏书,很少回家,向皇上报告边境军事状况,很晚才出宫殿。以上这些都是你亲口说的,否则,皇宫禁地,外人会怎么知道。

因诗避祸的智慧

张九龄(678—740),字子寿,一名博物,是唐开元年间的尚书丞相,韶州曲江(今广东韶关市)人。有《曲江集》传世。

张九龄《答太常靳博士见赠一绝》诗意图

他是一位有胆识、有远见的著名政治家、文学家、诗人、名相。他忠耿尽职，秉公守则，直言敢谏，选贤任能，不徇私枉法，不趋炎附势，敢与恶势力作斗争，为"开元之治"作出了积极贡献。他的五言古诗，以素练质朴的语言，寄托深远的人生慨望，对扫除唐初所沿袭的六朝绮靡诗风贡献很大。被誉为"岭南第一人"。

张九龄在唐玄宗晚年当了三年宰相，任职期间，直言敢谏。他发现安禄山有狼子野心，建议及早除掉，以绝后患。玄宗不听，反而告诫他不要陷害忠良，张九龄与玄宗意见不合，李林甫趁机在玄宗面前谗言张九龄。玄宗非常恼怒，时值秋季，竟命高力士拿一把白羽扇赐给张九龄。他当然明白皇帝的用意，白羽扇比喻张九龄，夏天已经过去，白羽扇已无用了。张九龄惶恐不安，赶紧写了一篇赋，向皇帝表达了为人臣子的忠心。他担心李林甫不肯善罢甘休，暗中陷害，又写了一首诗送给李林甫，这首诗就是《归燕诗》：

> 海燕何微眇[1]，乘春亦暂来。
> 岂知泥滓贱[2]，只见玉堂[3]开。
> 绣户时双入，　华轩日几回。
> 无心与物竞，　鹰隼莫相猜。

李林甫看后，知道他有隐退的意思，怒气渐消，也就没有再加害于他。

【心灵语丝】

明哲保身是大智慧。人生似乎确实需要一些智慧。有些人认为明哲保身的态度是一种妥协和退让,是助长骄傲和跋扈的推动力。但是,如果已经知道鸡蛋碰石头的后果,就不必去尝试牺牲。而明哲保身的哲学之后,或许还可以接一个词,叫"卧薪尝胆"。保存了实力之后才能打一个漂亮的翻身仗。

所以,有的时候,成功并不是硬碰硬的野蛮和冲动,而是需要一份隐忍和智慧的。

【古诗注解】

[1] 微眇:卑下,或者低贱之意。
[2] 泥滓贱:喻指李林甫之类的小人。
[3] 玉堂:即玉饰的殿堂,亦为宫殿的美称。

青出于蓝而胜于蓝

李商隐(813—858)擅长诗歌写作,骈文文学价值也很高,他是晚唐最出色的诗人之一,和杜牧合称"小李杜",与温庭筠合称为"温李"。其诗构思新奇,风格秾丽,尤其是一些爱情诗和无题诗写得缠绵悱恻,优美动人,广为人传诵。作品收录为《李义山诗集》。

一次,李商隐受邀去外地任职。他的连襟韩瞻与他关系很好,听说他要远行,就为他筹备了送别宴会。韩偓,小名冬郎,是韩瞻的儿子,那一年只有八岁。宴会期间,他一直陪在李商隐的左右。宴会快结束的时候,冬郎还写了一首诗为李商隐饯行,四座皆惊。过了两年,李商隐回到长安,追忆此事,写了两首诗回赠小冬郎。其中一首是:

十岁裁诗[1]走马成[2],冷灰残烛动离情。
桐花万里丹山[3]路, 雏[4]凤清于老凤声。

将冬郎比喻为雏凤,把韩瞻比作老凤,是为了说明冬郎的才学胜过了他的父亲。从此之后,"雏凤清于老凤声"成为名句,意思是青出于蓝而胜于蓝。

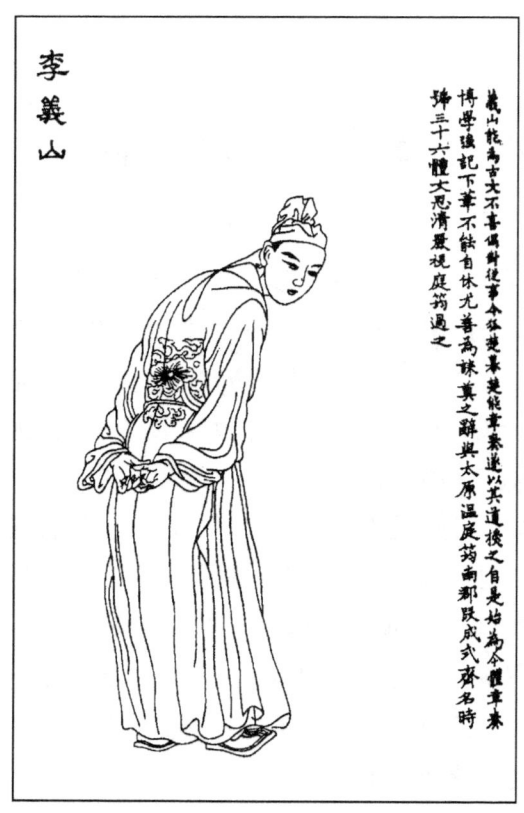

李商隐

【心灵语丝】

青出于蓝而胜于蓝的意思原本是后一代强于前一代。但是我们看到,现在的孩子大多活在父母的溺爱中,渐渐地没有了自己的主见。我们要做志气昂扬的斗士,更要抱有比父母一辈做得更好的决心。

【古诗注解】

[1] 裁诗：写诗。

[2] 走马成：是说时间很短。走，在古代是跑的意思。

[3] 丹山：传说中凤凰集聚地。

[4] 雏：幼小的鸟类。

狱中献诗明冤屈

中晚唐时期，鄱阳有一位名叫程长文的姑娘。因为出生商贾之家，从小被父亲精心栽培，琴棋书画样样精通。而她相貌出众，仰慕她的人自然有很多。

程长文出嫁了，丈夫为了考取功名长年在外，留她一人独居家室。然而，这竟然给她引来了一场大难。一天深夜，熟睡中的程长文突然被一阵声响惊醒。她借着月光一看，不禁大吃一惊。强盗用刀撬开了窗户跳了进来。程长文刚要呼喊，歹徒已经扑了上来，两人一下子扭打在了一起。命悬一线间，她摸到了身边做女红时用的剪刀，不知道哪来的勇气，她狠狠地把剪刀刺向歹徒，歹徒当时就咽气了。程长文被带上公堂，县令不明事理把她投入大牢。当天晚上，程长文在牢中，想到自己为了反抗强暴而身陷险境，不禁悲愤交加。便向狱卒要来文房四宝，挥毫泼墨，写成了一首《狱中书情上使君》以表冤情：

妾家本在鄱阳曲[1]，一片贞心比孤竹。
当年二八盛容仪，　红笺草隶恰如飞。
尽日闲窗刺绣坐，　有时极浦[2]采莲归。
谁道居贫守鄱邑，　幽居寂寞无人入。

海燕[3]朝归枕席寒，山花夜落阶墀湿。
强暴之男何所为，　手持白刃向帘帏。
一命任从刀下死，　千金岂受暗中欺？
我心匪石情难转，　志奋秋霜意不移。
血溅罗衣终不恨，　创粘锦袖亦何辞。
县僚曾未知情绪，　即便教人絷囹圄。
朱唇滴沥独衔冤，　玉筯[4]阑干叹非所！
十月寒更堪悉人，　一闻击柝[5]一伤神！
高髻不梳云已散，　蛾眉罢扫月仍新。
三尺严章难可越，　百年心事向谁说？
但看洗雪出圜扉[6]，始信白圭无玷缺。

最后，果然苍天开眼，程长文终被昭雪出狱。

【心灵语丝】

当人遭遇苦难和不幸的时候，不能气馁和放弃，而是要坚定自己的信念。我们所面对的世界是充满着各种各样的挑战和痛苦的，这个时候如果只是想着停留在原地自怨自艾，结果只能是被自己打败。相信自己的力量，相信公平和自由，那么成功的大门就会及时地敞开。

【古诗注解】

[1] 鄱阳曲：指鄱阳某地僻静的地方。

[2] 极浦：极，至也，到达。《国语·鲁下》："齐朝驾，则夕

极于鲁国"。浦：水滨。

[3] 海燕：燕子的别称，古人认为燕子生在南方，从海上飞来。

[4] 玉筯：指眼泪。

[5] 柝：巡夜所敲的木梆。

[6] 圜扉：监狱的门扇，此指走出狱门。

慧眼识王维

唐玄宗开元九年(公元721年),王维赴京都长安赶考。他在试卷上作了首七律《和贾至舍人早朝大明宫之作》:

绛帻[1]鸡人[2]报晓筹[3],尚衣[4]方进翠云裘[5]。
九天阊阖开宫殿,万国衣冠[6]拜冕旒[7]。
日色才临仙掌动,香烟欲傍衮龙浮。
朝罢须裁五色诏,佩声归到凤池头。

考完了,王维自认为很得意,看来金榜题名是很有把握的。不料,这次京试的主考官是位死脑筋老先生,他在看到王维写下"万国衣冠拜冕旒"一句时竟然发起了火,跟众人说:"当今只有九州,这个人却写万国,真是胡说八道!"说罢,便将王维的试卷丢到了不予录取的"下卷"里了。

眼看着一代诗才就要被埋没,宰相宋璟复查试卷时读到了王维的诗,禁不住连声叫好。这样好的诗歌,怎么会被丢到"下卷"里呢?宋璟立刻派人找来那位老先生问明情由。但他得知是因"万国"一词时,真是又可气又可笑,他责备主考官说:"老先生,您太迂腐了。'万国'是万方的意思,这句'万国衣冠拜冕旒',是颂扬我大唐政通人和、国力强盛,万国

王维《少年行》诗意图

都来臣服。这句诗气势不凡,是全诗的警策之处,你怎么说'今无万国只有九州'呢?而且把这样的人才给打到'下卷'呢?"主考官满脸通红、频频点头称是。

正由于宋璟的慧眼识珠,王维才得以名列第一。

【心灵语丝】

每个人鉴赏和评判的眼光是不一样的。当自己的作品

○ 唐诗的智慧

遭受非议的时候，不要轻言放弃，要坚持自己的信念。成功的人都有一个共性，那就是每个人都非常有个性，而且都非常倔强，决不会人云亦云，不会轻易被他人的意见所左右。成功不仅仅在于有没有长远的眼光，还在于有没有魄力，敢不敢于、善不善于在众人的反对声中坚持自己，直至走向成功！

【古诗注解】

[1] 绛帻：用红布包头似鸡冠状。

[2] 鸡人：古代宫中，于天将亮时，有头戴红巾的卫士，于朱雀门外高声喊叫，好像鸡鸣，以警百官，故名鸡人。

[3] 晓筹：即更筹，夜间计时的竹签。

[4] 尚衣：官名。隋唐有尚衣局，掌管皇帝的衣服。

[5] 翠云裘：饰有绿色云纹的皮衣。

[6] 衣冠：指文武百官。

[7] 冕旒(liú)：古代天子的礼帽和礼帽前后的玉串。

勿以貌取人

唐代有个和尚叫乾康，相传此人相貌奇丑，可是诗才不凡。话说有一次，乾康去拜访当时一位著名的诗僧齐己，可是到了齐己所在的湘西道林寺门前，却被一个小和尚拦在外面，并口出不敬之词："我师父的门槛高，除了诗人，一般人可进不去的。您会做诗吗？如果是就写一首吧，我再去替你禀报师父。"乾康听后，当下写下：

隔岸红尘[1]忙似火，当轩[2]青嶂[3]冷如冰。
烹茶童子休相问， 报道门前时衲僧[4]。

齐己见了诗，又惊又喜，赶忙把乾康请了进来奉为上宾，好生款待。

还有一次，已入晚年的乾康听说左补阙王伸到永州，便带着自己的诗作去拜见。王伸一见他相貌丑陋，又一大把年纪了，忍不住出口讽他："难道长得这个样子的人也能作诗？我来试试你。"那时正值冬末，只见地上的积雪开始融化，王伸就命乾康为此为诗，乾康出口成章：

六月奇花已住开，郡城相次见楼台。

时人莫把和泥看,一片飞从天上来。

这首诗里,乾康以雪花自喻,同时讽刺王伸不要把他和地上的泥土等同起来看。王伸见诗,惭愧地说:"这诗的确不凡,我怎么能够以貌取人呢?"于是对乾康刮目相看。

【心灵语丝】

"以貌取人,失之子羽",一代圣人孔子尚且会犯这样的错。我们应该明白,任何人和事物都是处于不断的变化之中,既可能向着好的方向发展,也可能向着坏的趋势转化,所以在对待人和事物的时候,不能够仅仅盯住眼前的这么一点点表象,因为它只反映了这个人或者这件事目前的状态。

【古诗注解】

[1] 红尘:指繁华的社会。泛指人世间。
[2] 当轩:轩,窗户或门,这里当指门。当,对着,面对。当轩,面对着门。
[3] 青嶂:嶂,高耸险峻如同屏障一般的山峰。青嶂,犹言青山。
[4] 衲僧:僧人的自称或代称。

历史胜于雄辩

初唐四杰——王勃、杨炯、卢照邻、骆宾王冲破六朝贵族文学的那种萎靡之风的束缚,采用新题材新风格写新物,为当时的文坛注入了新鲜的活力。但是这种清新有力的气息却被一些无聊守旧的文人所排斥。他们写文章来反对、讥笑,甚至是谩骂这种新颖的文风。

当时,大诗人杜甫很是看不惯这些无聊文人的做法,为了给王勃等人鸣不平,做一组诗《戏为六绝句》来表明自己的鲜明态度:

其一

庾信[1]文章老更成[2],凌云健笔[3]意纵横[4]。
今人嗤点[5]流传赋, 不觉前贤畏后生[6]。

其二

王杨卢骆[7]当时体,轻薄为文哂[8]未休。
尔曹身与名俱灭, 不废[9]江河万古流。

其三

纵使卢王操翰墨,劣于汉魏近风骚。
龙文虎脊皆君驭,历块过都见尔曹。

其四

才力应难跨数公， 凡今谁是出群雄？
或看翡翠兰苕[10]上，未掣[11]鲸鱼碧海中。

其五

不薄今人爱古人， 清词丽句必为邻。
窃攀[12]屈宋宜方驾，恐与齐梁作后尘。

其六

未及前贤更勿疑， 递相祖述[13]复先谁？
别裁伪体[14]亲风雅，转益多师[15]是汝师！

历史胜于雄辩。初唐四杰的文章像长江黄河那样万古流长，生生不息，而那些喋喋不休、嗡嗡乱叫的人很快就沉寂于历史的长河中了。而杜甫的看法正是显现出了这位大诗人的眼光和学识。

【心灵语丝】

事实胜于雄辩，历史是最公正的裁判，任何新生事物都必然要经历风雨才能成长壮大起来，挫折的背后是成长的空间，饱受磨难的生命力才是最强大的。所以，社会上的言论有的时候是一边倒的，这个时候就需要清醒的头脑。不能迷信和盲从，而是应该有自己的判断。

【古诗注解】

[1] 庾信，字子山，南阳新野（今属河南）人，南北朝时期的

著名诗人。

[2] 老更成：到了老年就更加成熟了。

[3] 凌云健笔：高超雄健的笔力。

[4] 意纵横：文思如潮，文笔挥洒自如。

[5] 嗤点：讥笑、指责。

[6] 畏后生：即孔子说的"后生可畏"。后生，指"嗤点"庾信的人。但这里是讽刺话，意思是如果庾信还活着，恐怕真会觉得"后生可畏"了。

[7] 王杨卢骆：王勃、杨炯、卢照邻、骆宾王。这四人都是初唐时期著名的作家，时人称之为"初唐四杰"。诗风清新、刚健，一扫齐、梁颓靡遗风。

[8] 轻薄（bó）：言行轻佻，有玩弄意味。此处指当时守旧文人对"四杰"的攻击态度。哂（shěn）：讥笑。

[9] 不废：不影响。这里用"江河万古流"比喻包括四杰在内的优秀作家的名字和作品将像长江黄河那样万古流传。

[10] 兰苕（tiáo）：兰花。

[11] 掣（chè）：拉，拽。

[12] 窃攀：内心里追攀。

[13] 递相祖述：互相学习，继承前人的优秀传统。

[14] 别裁伪体：区别和裁减、淘汰那些形式内容都不好的诗。

[15] 转益多师：多方面寻找老师。

才　学　篇

五 步 成 诗

  史青是唐代开元年间的一名书生,据说,他对曹植"七步成诗"的事很是不屑。于是,他上书唐明皇,说曹植走七步才吟成一诗,太慢了,自己只需走五步就行了。

  唐明皇对此感到很惊讶,就召见他,以《除夜》为题面试。史青果真厉害,他边踱步边思索,"一、二、三、四、五,有了",应声便吟出一首五律:

  今岁今宵尽,明年明日催。
  寒随一夜去,春逐五更来。
  气色空中改,容颜暗里摧。
  风光人不觉,已著后园梅。

  前两联点出题意,道出冬去春来、时序更换的事实,写得一般。第三联抒发人老颜衰的喟叹,把意思推进了一层,颇有情味。历来人们总把梅花与春天的到来联系在一起。诗以春天的风光"入"了梅花里作结,说人们能够从梅花枝头去欣赏美丽的春光,写得不错。

  于是史青得到了唐明皇的青睐,前途自然一片光明。

【心灵语丝】

在懦夫的眼里，做什么事情都是危险的，而热爱生活的人，却总是蔑视困难，敢于接受挑战，勇往直前。人的一生中，最光辉的一天并非是功成名就那天，而是从悲叹与绝望中产生对人生的挑战，以勇敢迈向意志的那天。

【名人点拨】

所谓活着的人，就是不断挑战的人，不断攀登命运峻峰的人。
　　　　　　　　　　　　　　　　　　　　——雨果

别向不幸屈服，应该更大胆、更积极地向不幸挑战。
　　　　　　　　　　　　　　　　　　　　——威吉尔

像一支和顽强的崖口进行搏斗的狂奔的激流，你应该不顾一切纵身跳进那陌生的、不可知的命运，然后，以大无畏的英勇把它完全征服，不管有多少困难向你挑衅。
　　　　　　　　　　　　　　　　　　　　——泰戈尔

自古英雄出少年

刘晏自幼天资颖悟,少年时期十分勤学,才华横溢。七岁就被称为"神童",八岁时唐玄宗封泰山,刘晏因献《颂》,获得唐玄宗赞赏,授秘书省太子正字。刘晏十岁那年,一日,唐玄宗大宴群臣,好不热闹,刘晏也被唐玄宗诏于楼中。贵妃让刘晏针对勤政楼下百戏争新和王大娘头戴百尺竹竿的精湛表演作诗。刘晏应声吟道:

楼前百戏竞争新,唯有长竿妙入神。
谁谓绮罗翻有力,尤自嫌轻更着人。

此诗博得了唐玄宗、杨贵妃和嫔妃等人的一片赞颂。为此,唐玄宗赏赐了刘晏许多的宝贝,神童刘晏一时名噪京师。从此他勤奋苦读,博览群书,对他后来的施政改革,都有重大影响。

【心灵语丝】
"三岁看老",意思是说从小孩三岁就知道他长大后怎么样了。大凡有大成就者,其童年大多都有特殊表现,大都是经过埋头苦干,寒窗苦读。此外还需要天资、悟性和机遇。

【古诗印记】

宋代王应麟在他的《三字经》里写道:"唐刘晏,方七岁,举神童,作正字,彼虽幼,身已壮。尔幼学,勉而致,有为者,亦若是。"把他树立为当时青年才俊学习的榜样。

李义府咏乌高升

李义府(614—666),唐朝瀛洲饶阳(今属河北)人,曾任门下典仪和中书令。相传他虽有文才,但为人狡诈,因他善于拍武则天马屁,对人笑里藏刀,故时人称之为"李猫"。李

李义府《咏乌》诗意图

义府八岁时就已经以乖巧伶俐、能诗善对号称神童。太宗听说以后就把他召入京师。

话说有一次,太宗在上林苑中游玩,有人捕到一只鸟,太宗就赐给了随行的李义府,李义府立即进诗一首:

日里飏朝彩,琴中伴夜啼。
上林如许树,不借一枝栖。

诗的大体意思是说:鸟儿沐浴着灿烂朝霞,伴随着古琴曲夜鸣。上林苑里有这么多树,不能借我一枝栖息?太宗见诗,当然明白是李义府想要官做,就笑着说:"我借给你整片树林栖息吧!"于是李义府得以高升。

女皇与牡丹

明朝幸上苑，火急报春知。
花须连夜发，莫待晓风吹。

这首诗的题目叫做《腊日宣诏幸上苑》。腊日，指农历腊月初八，是一年中最冷的时候，那时正是天寒地冻、百花凋零之时，不可能有花开，但这个人却非要去看花。

好大的口气！好霸气的一首诗！是谁敢这样写、能写得出这样的诗呢？原来是曾被贬到寺里为尼的武媚娘武则天。武则天后来做了妃、皇后、皇太后，最后当了女皇帝。这诗活脱脱一副女皇的口气！"花须连夜发，莫待晓风吹"。一个"须"字体现出了不可商量、不能改变、保证完成任务的口气。百花必须为我开，不管在什么寒

武则天

冬腊月,而且必须准时开、快开,挨到天亮都不行!

据说百花真的连夜都开了,只有一种花抗旨不开,什么花呢?牡丹花。据说牡丹抗旨不开,则天女皇一气之下把它贬到洛阳去了,所以现在大家都去洛阳赏牡丹了。除了贬谪之外,武则天还下令把它烧掉,烧成焦骨,只剩下个枝干,所以牡丹花中多了一个名贵品种——焦骨牡丹。

【心灵语丝】

"太上立德,其次立功,其次立言",有德有功之人,才有所言,且所立之言才有力量,否则就是说大话,就是吹牛!

【古诗印记】

《全唐诗》载录此诗时并有诗序:"天授二年腊,卿相欲诈花发,请幸上苑,有所谋也。许之,寻疑有异图,乃遣使宣诏云云。于是凌晨名花布苑,群臣咸服其异……"天授二年,即公元691年,也就是武则天登基称帝的第二年。此诗简洁明快,语言流畅,主题鲜明,堪称上乘之作。

七岁奇女子咏诗送行

骆宾王七岁就能写诗，而且后来他成为初唐四杰之一，所以他这首诗流传下来了。其实在那个诗歌的王朝里，还有很多小孩子都能写诗，不但男孩子能写，女孩子也是巾帼不让须眉。有一个七岁小姑娘，诗写得不亚于骆宾王，但由于古代重男轻女的思想，所以没有留下她的姓名生平。相传这个女孩子是当时的南海人，诗名很大，据说武则天很欣赏这个女神童，专门召见她。当时她的哥哥送她到洛阳去，后来哥哥要回家了，女皇就说："你哥哥要走了，你写首诗送送他吧。"小女孩应声成此篇《送兄》：

别路云初起，离亭[1]叶正飞。
所嗟人异雁，不作一行归[2]。

古代驿路上每隔五里、十里设有亭舍，以供行人歇息，送别的人也常在这里饯行。景语皆情语，这里以"云初起"衬托她的哥哥起身上路，以"正飞"暗示离别的无奈和心绪的失落。

像《送兄》诗这样，字数如此省俭，语言明白如话，意境清新高妙，却不多见；何况出自七岁女子之口，且在朝堂上脱口而出，真是令人叫绝！而且客观地说，此诗比骆宾王七岁时写的《咏鹅》要老成多了。同是七岁的孩子,即便在古代,"谁说女子不如男"呢?

【古诗注解】

[1] 离亭:驿亭。古时人们常在这个地方举行告别宴会,于此送别。

[2] 归:一作"飞"。

【名人、名言点拨】

青春须早为,岂能长少年。　　　　　　　　——孟郊

青年人充满活力,像春水一样丰富。　　　　——拜伦

世界上没有再比青春更美好的了,没有再比青春更珍贵的了!春天就像黄金,你想做成什么,就能做成什么。

——高尔基

韩 愈 听 琴

在中国的唐朝,相传有一个名叫颖的和尚,从印度来到中国,人们尊称他为颖师。颖师演奏古琴十分出名,他的古琴长八尺一寸,用质地优良的古桐木制成,音色非常优美。颖师弹琴的技艺精湛,演奏时有特别的韵味,而且曲目很丰富,远近知名。据说有一个生病的人,躲在床上,听到颖师弹琴的声音,顿然觉得已经病好了,坐了起来,不用再服药了。

韩愈是唐代著名的诗人和文学家,也慕名前来欣赏颖师弹琴。开始的时候,琴音柔和细弱,婉转轻盈。韩愈听得十分愉悦,像是听到了一首美丽的情诗。突然,琴声激昂高亢,像是万马奔腾,勇士们奔赴沙场,刹那间刀剑齐鸣,悲壮惨烈。韩愈为之精神振奋不已,好像自己也在战场厮杀。一会儿,琴声又悠扬飘逸,像柳絮轻扬,随风飘忽,在蓝天白云下自由飞舞。韩愈也如醉如痴,仿佛自己也飘上了太空。

接着,琴音激越地往上攀升,越攀越高,仿佛在攀登峭壁悬崖,一寸一寸地艰难前进。不料,琴声从最高处忽然下滑到最低音,好像是攀登者忽然失足,从千丈高峰一下子掉落到无底的深渊。韩愈听到这里,激动得坐也不是,站也不是,泪如雨下,把衣襟也湿透了。他不得不伸手拦阻,请颖师中

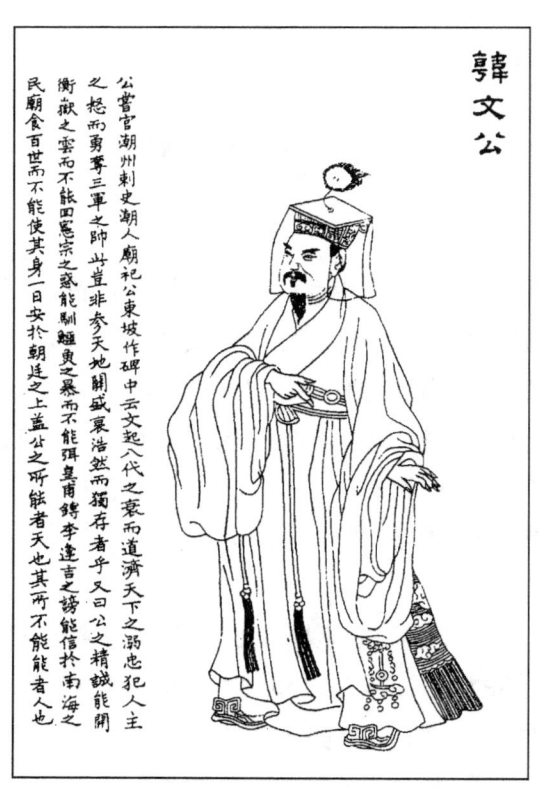

韩愈

止弹奏。韩愈后来把他听颖师弹琴的感受写成了一首诗。这首《听颖师弹琴》[1]一直流传至今天：

> 昵昵儿女语，　　恩怨相尔汝[2]。
> 划然变轩昂[3]，　　勇士赴敌场。
> 浮云柳絮无根蒂，天地阔远随飞扬[4]。
> 喧啾百鸟群，　　忽见孤凤凰。

跻攀分寸不可上,失势一落千丈强[5]。
嗟余有两耳,　　未省听丝篁[6]。
自闻颖师弹,　　起坐[7]在一旁。
推手遽[8]止之,　　湿衣泪滂滂[9]。
颖乎尔诚能,　　无以冰炭置我肠[10]！

【心灵语丝】

很多时候,各类艺术反而是相通的,比如"文史哲",比如"书法与舞蹈",比如"摇滚与足球",所以不如多些爱好,相得益彰。

【古诗注解】

[1] 此篇作于公元816年(元和十一年)。李贺《听颖师弹琴》有"竺僧前立当吾门,梵宫真相眉棱尊",可知颖师是当时一位善弹琴的和尚,他曾向几位诗人请求做诗表扬。

[2] 昵昵:亲热。尔汝:至友之间不讲客套,以你我相称。这里表示亲近。《世说新语·排调》:"晋武帝问孙皓:闻南人好作尔汝歌,颇能为不?"尔汝歌是古代江南一带民间流行的情歌,歌词每句用尔或汝相称,以示彼此亲昵。

[3] 划然:突然。轩昂:形容音乐高亢雄壮。

[4] "浮云"两句:形容音乐飘逸悠扬。

[5] "喧啾"四句:形容音乐既有百鸟喧哗般的丰富热

闹，又有主题乐调的鲜明嘹亮，高低抑扬，起伏变化。

[6] 未省(xǐng)：不懂得。丝篁：弹拨乐器，此指琴。

[7] 起坐：忽起忽坐，激动不已的样子。

[8] 遽(jù)：急忙。

[9] 滂滂：流得很多的样子。

[10] 冰炭置我肠：形容自己完全被琴声所左右，一会儿满心愉悦，一会儿心情沮丧。犹如说水火，两者不能相容。《庄子·人间世》："事若成，则必有阴阳之患。"郭象注："人患虽去，然喜惧战于胸中，固已结冰炭于五藏矣。"此言自己被音乐所感动，情绪随着乐声而激动变化。

千金买壁

唐天宝三载(744),在京城名噪一时的诗仙李白,因为政治上的失意而离开长安。他在洛阳遇到诗圣杜甫,二人相见恨晚,便相约一同漫游宋州(今商丘)的梁园。

这天,他们来到古吹台游览,他们怀古思今,感慨万端。杜甫道:"不可无酒,更不可无诗。"这句话正中李白下怀,他大笑:"梁园景美,琴音绝妙,有酒有诗,快哉快哉!"他们请僧人置办酒菜及笔墨纸砚,在刚修缮的厢房里喝酒聊天,说古论今,谈笑风生。突然,从窗口飘进来一阵抑扬顿挫、流畅欢快的琴声。李白醉眼惺忪地抓起一支斗笔,踉踉跄跄走到雪白的粉壁前。窗外的琴声忽然激越昂扬,犹如催阵的战鼓,撩人心魄。李白的眼中顿时放射出奇光异彩,他不假思索地在粉墙上写下了"梁园吟"三个遒劲的大字。接着他神采飞扬,琴声嘎然而止,他的诗也一气呵成。

杜甫也赞美道:"真乃下笔惊风雨,诗成泣鬼神也!"诗云:

我浮黄河去京阙,挂席欲进波连山。
天长水阔厌远涉,访古始及平台间。
平台为客忧思多,对酒遂作梁园歌。

却忆蓬池阮公咏,因吟"绿水扬洪波"。
洪波浩荡迷旧国,路远西归安可得!
人生达命岂暇愁,且饮美酒登高楼。
平头奴子摇大扇,五月不热疑清秋。
玉盘杨梅为君设,吴盐如花皎白雪。
持盐把酒但饮之,莫学夷齐事高洁。
昔人豪贵信陵君,今人耕种信陵坟。
荒城虚照碧山月,古木尽入苍梧云。
梁王宫阙今安在?枚马先归不相待。
舞影歌声散绿池,空余汴水东流海。
沉吟此事泪满衣,黄金买醉未能归。
连呼五白行六博,分曹赌酒酣驰晖。
歌且谣,意方远,
东山高卧时起来,欲济苍生未应晚。

　　据说,后来有位姓宗的女子看到粉墙上的诗,十分爱慕,愿意以千两银子买这面墙壁。李白得知了这件事,非常感动,千金买壁的事情还成就了李白与宗姓女子的好姻缘。

七绝圣手

唐代著名边塞诗人王昌龄,笔下的诗大多都是气势雄浑,格调高昂。尤其是他的七绝诗写得更是出色,所以古人称他为"七绝圣手"。他的诗歌中有很大一部分是可以被谱成曲子的七言绝句。内容基本上抒写战士爱国立功和思念家乡的心情。他善于捕捉典型的情景,有着高度的概括和丰富的想像力。其诗歌语言浑厚,音调婉转和谐,意境深远,耐人寻味。他的许多描写边塞生活的七绝被推为边塞名作,《出塞》[1]一诗被推为唐人七绝的压卷之作。

秦时明月汉时关[2], 万里长征人未还。
但使[3]龙城飞将[4]在,不教[5]胡马[6]度[7]阴山[8]。

【古诗注解】

[1] 出塞:是唐代诗人写边塞生活的诗经常用的题目。
塞(sài):边关,边塞。
[2] 秦时明月汉时关:运用互文修辞,意思是,秦汉时的明月,秦汉时的关。
[3] 但使:只要。
[4] 龙城飞将:"龙城",地名,是古代匈奴圣地。汉朝大将

军卫青奇袭龙城得胜,在汉匈交战史上具有划时代的意义。而"飞将"则指威名赫赫的"汉之飞将军"李广。"龙城飞将"并不指一人,实指卫青李广,更是借代众多汉朝抗匈名将。

[5] 不教:不叫,不让。教,让。

[6] 胡马:指胡人的战马。胡,古人对西北少数民族的称呼。

[7] 度:越过。

[8] 阴山:山名,指阴山山脉,在今内蒙古,汉时匈奴时常从这里开始南下攻扰中原地区,阴山以南的河套平原,是一个典型的战略性进攻基地,卫青收复河套并且"全甲兵而还"的奇迹般的胜利正是发生在这里。同时阴山也是卫青坟冢的模样。

【古诗印记】

清沈德潜说:"五言绝右丞(王维)、供奉(李白);七言绝龙标(王昌龄)、供奉。妙绝古今,别有天地。"

诗胆大于天的刘叉

唐朝诗人不少,狂放孤傲者也屡见不鲜,但是豪迈如江湖好汉的却只有刘叉一人。刘叉,这名字就不同凡俗,单一"叉"字,江湖豪气就迎面而来,确实刘叉人如其名,性格也是如梁山好汉一般。

刘叉少时就"任侠",还因酒杀人,亡命而逃,和鲁智深有些相仿。但刘叉没有去当杀人放火的"花和尚",等到朝廷大赦,就改为发愤读书,后来竟也能写好诗。他听说韩愈接纳天下的读书人,就去投奔,作《冰柱》、《雪车》二诗献给韩愈老师。刘叉在《冰柱》诗中用冰柱来比喻自己的才华得不到施展,其中有:

> 檐间冰柱若削出交加。
> 或低或昂,小大莹洁,随势无等差。
> 始疑玉龙下界来人世,齐向茅檐布爪牙。
> 又疑汉高帝,西方未斩蛇。
> 人不识,谁为当风杖莫邪。
> 铿铿冰有韵,的皪玉无瑕。

但比喻得怪,诗也写得怪,可韩愈老师是喜欢这样的怪僻诗风,所以就收留了刘叉。但刘叉不是那种习惯于低三下四地寄人篱下的人,韩愈老师又一副儒者的派头,所以刘叉不久就不耐烦了,据说刘叉临走时说:"此谀墓中人得耳,不若与刘君为寿。"这里顺便说一下,韩愈老师是当时有名的写墓志铭的专家,当时写墓志铭收费极高,尤其是邀请像韩愈老师这样的名人写墓志铭,更是一种身份象征。刘叉对于韩愈老师这个做法却并不以为然,竟理直气壮地拿走了韩愈的钱,还说你这是吹捧死人得来的,还不如给我刘某人当生活费呐。大有"不义之财,取之何碍"的意思。不知道韩愈老师的鼻子有没有给气歪。看这刘叉的脾气确实很像绿林豪客们的性格。

【心灵语丝】

且夫非常之人,必行非常之事。中庸的人不会有大灾大难,但也不会有大富大贵。

【古诗印记】

宋代苏轼在《雪后书北台壁二首》中用"尖""叉"二韵,第二首的末两句是:"老病自嗟诗力退,寒吟《冰柱》忆刘叉。"看来苏大才子是欣赏刘叉的。

"一 字 师"

著名诗僧齐己有一次在下了一夜大雪的早上,发现有几枝梅花已经开了,觉得开得很早,为了突出一个"早",便写了一首《早梅》诗:

万木[1]冻欲折[2],孤根暖独回[3]。
前村深雪里,　昨夜数枝开。
风递[4]幽香出,　禽窥[5]素艳[6]来。
明年如应律,　先发望春台。

"前村深雪里,昨夜数枝开"。他对这两句诗很满意,便高兴地拿着这首诗去请教诗友郑谷。郑谷看了几遍后评点说:"数枝梅花开已经相当繁盛了,不足以说明'早',如把'数枝'改为'一枝'更贴切。"此处可谓精彩之笔,是该诗画龙点睛之处:梅花开于百花之前,"一枝"又先于众梅悄然"早"开,更显出此梅的不同寻常。为我们描绘了一幅清丽的雪中梅花图,给人以美的感受。

齐己听了,认为改得很好,欣然接受,并向郑谷拜谢,后人便称郑谷为齐己的"一字师"。

【古诗注解】

[1] 万木：其他树木，语带夸张。

[2] 折：凋残枯败。

[3] 回：音huái，回复生机与活力。

[4] 递：飘送。

[5] 窥：偷偷看。

[6] 素艳：洁白而美丽的花，点明"早梅"是白色的梅花。

【古诗印记】

郑谷在袁州，齐己因携所为诗往谒焉。有《早梅》诗曰："前村深雪里，昨夜数枝开。"谷笑曰："'数枝'非早也，不若'一枝'则佳。"齐己矍然，不觉叩地膜拜。自是士林以谷为齐己"一字之师"。（选自《五代史补》）

一将功成万骨枯

唐安史之乱后,战争先在河北,后来蔓延至中原。大江以南也都成了战场。随战乱而来的是生灵涂炭。在流离失所,挣扎于生死线上的人民心目中,能平平安安打柴割草以度日,也就快乐了。

(一)
泽国[1]江山入战图,生民[2]何计乐樵苏[3]。
凭君莫话封侯[4]事,一将功成万骨枯[5]。

(二)
传闻一战百神愁,两岸强兵过未休。
谁道沧江总无事,近来长共血争流。

这两首诗的题目是《己亥岁》,为晚唐时期曹松所作七言绝句。诗大约是在公元880年(广明元年)追忆前一年时事而作。

公元879年(乾符六年,即"己亥岁"),镇海节度使高骈因在淮南镇压黄巢起义军的"功绩",受到封赏,无非"功在杀人多"而已,令人闻之发指。"一将功成万骨枯",更是一篇之警策。它词约而义丰。言将军封侯是用士卒牺牲的高昂代价换取的,令人触目惊心。"骨"字极形象骇目。这里的对比手法和"骨"字的运用,都很接近"朱门酒肉臭,路有冻死骨"的惊人之句。它们从不同侧面揭示了封建社会的本质,具有很强的典型性。前三句只用意三分,词气委婉,而此句十分刻意,掷地有声,相形之下更觉字字千钧。

【古诗注解】

［1］泽国：水乡,此处指长江以南的地区。

［2］生民：百姓。

［3］樵苏：砍柴割草,泛指艰苦的生计。

［4］封侯：古代将帅在战争中立了大功可以封侯;这里泛指升官。

［5］万骨枯：万人变成枯骨,指牺牲了无数战士。

旗亭画壁

传说在开元年间，著名诗人王昌龄、高适和王之涣三人闲居长安。一天，下着小雪，三人一起到酒楼喝酒。酒店里非常热闹，因为正赶上梨园伶官数十人举行宴会。宴会进行到高潮，有四个美丽的姑娘便开始唱歌。

那时，人们喜欢为一些诗词配上乐曲来演唱，写得好的诗歌自然最受青睐。王昌龄他们三个边喝酒边在旁边观看。高适突然想到一个主意，说："我们在诗坛上都很有名，但是从来也没有分过高下。这回根据她们四个姑娘唱的歌词，看谁的诗多就算谁最高明。"

第一个姑娘唱道：

寒雨连江夜入吴，平明送客楚山孤。
洛阳亲友如相问，一片冰心在玉壶。

王昌龄忙说："是我的一首。"并在墙上划了一横记着。第二个姑娘接着唱：

开箧泪沾臆，见君前日书。
夜台何寂寞，犹是子云居。

高适忙在墙上划道说:"这是我的绝句。"第三个姑娘唱道:

奉帚平明金殿开,且将团扇共徘徊。
玉颜不及寒鸦色,犹带昭阳日影来。

王昌龄得意地在墙上又划一道:"我两首了。"王之涣看这情况急了,说:"这些唱歌的姑娘可不怎么样,唱的诗可见也没什么高明。"于是他指着姑娘们中一个最美的说:"听她唱,如果不是我的诗,我就一辈子不再和你们比诗了。"

过了一会儿,这个姑娘唱道:

黄河远上白云间,一片孤城万仞山。
羌笛何须怨杨柳,春风不度玉门关。

三人一听,鼓掌大笑。原来这正是王之涣的一首七绝。伶官最初不知怎么回事,一问才知道他们就是这些诗的作者,于是纷纷给他们行礼,并且请他们参加宴会。三个人尽欢而散。

女中诗豪

　　李季兰原名李冶,生于唐玄宗开元初年,六岁时她的父亲觉得她年纪虽小,却性情不宁,将来必会出乱子,于是将她送入剡中玉真观出家,改名李季兰。李季兰每日做诗、弹琴倒也清净自在。转眼间她已经十六岁了,对观中生活渐渐觉得寡淡无味,向往外面的世界。

　　有一天,一个才华横溢的男子拜访了她,这人就是著名的"茶圣"陆羽。二人经常煮雪烹茶,对坐清谈。陆羽是个细心热情的人,在李季兰重病之时,一直在她身边照料,李季兰感动不已。陆羽还有一个朋友僧人皎然,他们三人经常在一起谈论诗词,志趣相投。

　　李季兰与陆羽的感情未曾间断,但碍于身份,不能婚嫁,只能互为知已。而李季兰的诗名越传越广,由她引发的诗友会集活动也是越来越大、越来越广,直至广陵即现在的扬州。扬州是当时文人荟萃的地方,李季兰的诗名可谓无人不知、无人不晓。刘长卿谓季兰为"女中诗豪"。最后连唐玄宗也听说了,传旨要她上京面圣。此时的李季兰已经四十多岁了,这可是极大的殊荣,但她的容颜已随着岁月衰退,不免又悲又喜,作诗道:

无才多病分龙钟,不料虚名达九重;
仰愧弹冠上华发,多惭拂镜理衰容。
驰心北阙随芳草,极目南山望归峰;
桂树不能留野客,沙鸥出浦漫相逢。

就在李季兰心怀忐忑地赶往长安时,震惊一时的"安史之乱"爆发了,长安一片混乱,唐玄宗仓皇西逃。李季兰不但没能见到皇帝,不久她在战火中也不知去向。

情 谊 篇

友谊是人生的财富

安徽泾县农民汪伦十分钦佩李白的才华,于是就写信邀请李白说:"先生喜欢游玩吗?我们这里有十里桃花;先生喜欢喝酒的吧?我们这里有万家酒店。"李白很早就听说汪伦是一位性格豪放之人,这次收到他的信自然是欣然前往。两人见面以后,汪伦笑着对李白说:"我说的'十里桃花',是一个水潭的名字啊,并不是真正有桃花十里;我说的'酒店万家',是因为店主人姓万而已,并没有酒店万家。"李白这才知道自己"受骗上当",但是他并不介意,反而哈哈大笑说:"在桃花潭边,喝着万家酒店的好酒,跟汪豪士谈天论地,这真是人生的快事啊!"

此后,李白与汪伦成了好朋友,汪伦常常用自己酿的酒接待李白。可是天下没有不散的宴席,在泾县小住了一段时间之后,李白要告辞了。那天,他坐上了小船刚要出发,突然,岸上传来了合着脚步节拍的歌声。李白抬头一看,原来是汪伦来给他送行了。李白连忙吩咐船家停船,汪伦拱手道:"李兄,一路保重!"古朴的送客形式,再也没有其他的言语,李白十分感动。桃花潭的水再深,也比不过汪伦的情谊。想到这儿,李白灵感大发,即兴作了一首《赠汪伦》:

李白乘舟将欲行,忽闻岸上踏歌[1]声。

桃花潭[2]水深千尺[3],不及[4]汪伦送我情。

汪伦看了,激动得热泪盈眶。他站在岸边,看着船越开越远,直到小船消失才依依不舍地离开。这段关于友谊的故事也一直流传下来,成为佳话。

【心灵语丝】

朋友,是孤独时陪伴你的人;朋友,是难过时安慰你的人;朋友,是遇到难题时和你一起分担的人;朋友,是有困难时帮助你的人;朋友,是犯错误时为你纠正的人;朋友,是我们内心受到创伤、挫折时的知己;朋友,是一盏灯,为我们照亮前方的路。真诚的友谊来之不易,我们应该用心去珍惜、去体会。

【古诗注解】

[1] 踏歌:民间的一种歌唱形式,一边唱歌,一边用脚踏地打拍子,可以边走边唱。

[2] 桃花潭:在今安徽泾县西南一百里。《一统志》谓其深不可测。

[3] 深千尺:运用了夸张的修辞手法。

[4] 不及:不如。

情深误哭应无悔

玄宗开元五年(717),阿倍仲麻吕随日本第九次遣唐使来到中国留学。由于极其喜爱中国深厚的文化,他特地改名为"晁衡"[1],并在中国定居。他出任唐王朝的秘书监等职,同大诗人李白、王维等都有着深厚的交情。

玄宗天宝十二年(753),晁衡以唐朝使者的身份,随同日本第十一次遣唐使团乘坐大船返回日本,同时也借此机会回乡探亲访友。但是他心系中国,仍希望回中国为唐王朝效力。然而船队才离开不多久,一个关于晁衡等人在海上不幸遇难的消息便传到了京城长安。大诗人李白获悉晁衡这一不幸噩耗后,当即就以诗哭吟道:

日本晁卿辞帝都, 征帆一片绕蓬壶[2]。
明月不归沉碧海[3],白云愁色满苍梧!

晁衡离开那天,李白因有事外出,没来得及送别他,没想这竟然成了永别。李白想到这里,愈发伤感起来。李白这首诗,包含了对晁衡之死的惋惜。朝廷上下也沉浸在深深的忧伤之中。然而,总算得到老天庇佑,传言给狂风巨浪淹没了的晁衡等人,后来竟漂流到了海南岛上,并有幸被当地渔民救起而回到了长安。李白不禁高兴得老泪纵横,此后,晁衡便在京城继续当官,再没有回日本。他历任玄宗、肃宗、代宗三朝官员,在大历五年(770)卒于长安。而他与李白之间的深厚情谊也一直为后人津津乐道。

【心灵语丝】

朋友是人生的财富,古今中外无数的文人都曾赞扬友情的纯粹和美好。有缘才能相遇,有心才能相知。在人来人往、聚散分离的人生旅途中,在各自不同的生命轨迹中,朋友能够彼此相遇、相聚、相逢,可以说是一种幸运。而缘分不是时刻都会有的,应该珍惜得来不易的缘。

君子之交淡如水。友情不是轰轰烈烈的许诺,而是溪流一般缓缓的情感,在人们失落和迷茫的时候,第一时间赶到的安慰和帮助。

【古诗注解】

[1] 晁衡,又作"朝衡",日本人,原名阿倍仲麻吕(又作安陪仲麻吕)。

[2] 蓬壶:传说中东海中有蓬莱、方壶、瀛壶等仙山。这里指晁衡在东海中航行。

[3] 明月:比喻品德高洁,才华出众之士。一说是以月明珠来比喻晁衡。沉碧海:指溺死海中。

患 难 之 交

刘禹锡(772—842),字梦得,洛阳(今属河南)人,自言系出中山(今河北定州),唐代中晚期著名诗人,有"诗豪"之称。代表作品有《陋室铭》、《乌衣巷》、《石头城》、《蜀先主庙》等。贞元九年(793年),刘禹锡和柳宗元同榜进士及第,当时叫"同年友",古人特别重视这层关系。柳宗元也是唐代著名的诗人、文学家,唐宋八大家之一。他字子厚,唐代河东解(今山西运城西)人,著名作品有《永州八记》等六百多篇文章,经后人辑为三十卷,名为《柳河东集》。

贞元二十一年(805年),两人同时参加"永贞革新",但是因为奸人的阻挠,革新很快就失败了。两人同时被贬到外地做官,刘禹锡被贬播州,也就是现在的贵州遵义地区,十分偏远,而他家还有八十多岁的老母亲。柳宗元被贬柳州,环境条件比播州要好。柳宗元了解到刘禹锡的难处,愿意与刘禹锡交换被贬的地点。于是他向朝廷上书,朝廷感念他们之间的友谊,改贬刘禹锡去连州任职。两人结伴赴任,到衡阳才各奔东西,可谁会料到,这一别竟是永诀。

元和十四年(819),刘禹锡的母亲逝世,他扶柩返洛阳守丧。等他到达衡阳时,突然获悉柳宗元去世的消息,一时之间悲痛落泪,不能自已,并写下了《重至衡阳伤柳仪曹[1]》这

○ 唐诗的智慧

首诗:

    忆昨与故人,湘江岸头别。
    我马映林嘶,君帆转山灭。
    马嘶循古道,帆灭如流点。
    千里江篱春,故人今不见。

【心灵语丝】

  真正的好朋友是时刻替你着想的人。友谊并不是挂在嘴边的奉承,也不是成功时候的分享。在你遭遇挫折或是经历失败的时候,朋友是仍然守护在你身边听你唠叨的人。

  患难之中才见真情,虽然共同品尝着失败的苦楚,但真的友谊会导向一份特殊的体贴和关爱。多为朋友着想,多体谅对方的难处。友谊不会自己生长,而是需要悉心培养。

【古诗注解】

[1] 柳仪曹:柳宗元的别称。世称礼部郎官为仪曹,柳曾任礼部员外郎,故称。

心胸宽广，海纳百川

唐德宗年间，牛僧孺进京赶考。说到牛僧孺[1]，在唐代也是个重要的人物。他是牛李党争中牛党的领袖，唐穆宗和唐文宗时的宰相。但是他为人心胸狭窄。话说进士考试之前，他希望得到名人表扬以提高知名度，便携带诗卷拜见当时任监察御史的刘禹锡。刘禹锡没顾及家里正在宴请宾客，当着客人的面，提起笔就修改起他的诗文。改动挺多，诗文几乎被改得面目全非。牛僧孺觉得没面子，但又不好说什么，只得把这事埋在心里。

二十多年后，刘禹锡奉命调任汝州刺史，途经扬州时，与牛僧孺相会。牛僧孺做东宴请刘禹锡，并写了一首诗：

席上赠刘梦得

粉署[2]为郎四十春，今来名辈更无人。
休论世上升沉事， 且斗[3]樽前见在身。
珠玉会应成咳唾[4]，山川犹觉露精神。
莫嫌恃酒轻言语， 曾把文章谒后尘。

刘禹锡读到最后两句才明白，牛僧孺对当年他当众改他的诗文仍然耿耿于怀，想起过去对待他是有些过于随意，不

免有点悔意,于是就和了一首诗:

酬淮南牛相公述旧见贻
昔年曾忝汉朝臣,晚岁空余老病身。
初见相如成赋日,后为丞相扫门人。
追思往事咨嗟久,喜奉清光[5]笑语频。
犹有当时旧冠剑,待公三日拂尘埃。

一件小事记了二十几年,牛僧孺的心胸真是狭窄了点。

【心灵语丝】

世界上最宽阔的是海洋,比海洋更宽阔的是天空,比天空更宽阔的是人的胸怀。在现实生活中,很多的事情不用那么斤斤计较,适当地来个换位思考,用宽容的态度去包容他人的失误。宽容是以一种平和的态度去接受另外一个大家都不是很容忍的事件或是人,是一种积极主动的态度。

【古诗注解】

[1] 牛僧孺(780—849),字思黯,安定鹑觚(今甘肃灵台)人,德宗贞元二十一年(805年)登进士。他一生历经德宗至宣宗八代,数次任宰相。牛僧孺为官时持法严谨,执法公正,坚决抵制贿赂,铲除贪官,留名青史,传为佳话。

[2] 粉署：汉代尚书省皆用胡粉涂壁，后世因称尚书省为粉署。

[3] 斗：拼酒，比赛。

[4] 珠玉会应成咳唾：《庄子·秋水》："子不见乎唾者乎？喷则大者如珠，小者如雾。"后常以"咳唾成珠"、"咳唾珠玉"喻语言文字优美，或喻人学识渊博，谈吐风雅。

[5] 清光：美好的风采，敬词。这里指牛僧儒。

对待朋友要真心

李绅[1]与元稹、白居易关系很好,他一生最闪光的部分在于诗歌。著有《悯农》诗两首,这两首诗非常脍炙人口,一直传诵至今。

一年夏天,李绅回故乡亳州探亲,正遇浙东节度使李逢吉[2]回朝奏事,路经亳州。俩人是同年考中的进士,感情非同一般。这次久别重逢,两人自然异常高兴,于是携手登上亳州城东的观稼台,纵览亳州景色。烈日当空,田地空旷,远处尽是农夫弯腰锄地的场景。李绅看在眼里,忽生怜悯,吟道:

> 锄禾日当午,汗滴禾下土。
> 谁知盘中餐,粒粒皆辛苦!

李逢吉听后连声赞扬,李绅却长长地叹了一口气,接着又沉痛地吟道:

> 春种一粒粟[3],秋收万颗子。
> 四海[4]无闲田,农夫犹[5]饿死!

李逢吉表面上对李绅很好,其实他一直拿李绅作垫脚石。他觉得这后一首诗有讽刺朝廷的意思,他回到朝中,立即向皇上报告。武宗皇帝大吃一惊,忙召见李绅,但看到诗后,却动容地说:"我身在朝野,不知道下面百姓的疾苦,今天多亏了李绅的提醒,让我知道百姓的辛劳啊!"李绅因为此诗被封为尚书右仆射,得到皇帝的器重。而李逢吉被调到了云南做观察使,降了官。

【心灵语丝】

在现实社会里,大家都戴着面具生活着。朋友这个词变得越来越抽象,有的人,用得着朋友的时候尽量恭维,但是达到目的,就嗤之以鼻。其实,这不是朋友,这只是困难时想利用的工具。真心的朋友,并不是每天都要联系,也不是有什么事都要向你报告,朋友,越久越真,越平淡越纯,越真诚越久。

【古诗注解】

[1] 李绅(772—846),字公垂,无锡(今属江苏)人,元和进士,是中唐时期新乐府运动的倡导者和实践者之一。

[2] 李逢吉(757—835),字虚舟,郑州(今属河南)人。德宗贞元十年(794)进士,拜左拾遗。他为人嫉妒,性忌刻,险谲多端。

[3] 粟:(sù)谷子。

[4] 四海:泛指全国各地。

[5] 犹:还。

恶语伤人六月寒

张祜[1],字承吉,唐代著名诗人。他被人称作张公子,有"海内名士"之誉。张祜的一生,在诗歌创作上取得了卓越成就。他的名句如"故国三千里,深宫二十年"。在张祜生活的唐朝,文人成功的阶梯就是读书,科举是捷径。但到了贞元、元和时代,仅有真才实学还不够,考进士必须有朝廷里有名望的人推荐才能及第。为了有人推荐自己,张祜广泛结交各界朋友,尤其是达官公卿。功夫不负苦心人,机会终于来了。张祜深受当时任天平军节度使的令狐楚的器重,令狐楚亲自起草奏章荐举,把张祜的三百首诗献给朝廷。

张祜听到这个消息,兴冲冲赶到京城。当时掌权的是元稹,在朝廷里权势很大,皇上于是把元稹召来,问他张祜的诗写得好不好,元稹说:"张祜的诗乃雕虫小技,大丈夫不会像他那么写。若奖赏他太过分,恐怕会影响陛下的风俗教化。"皇上听了点点头。就这样,张祜寂寞归乡,他写了一首诗来表达自己的悲伤之情,其中有:

贺知章口徒劳说,孟浩然身更不疑。

在三十岁至四十岁之间,张祜曾数次被人推荐往返于江南与长安两地,但结果皆未被皇上录用。张祜的不幸,与其说是元稹造成的,还不如说是当时制度造成的。良言一句三冬暖,恶语伤人六月寒。元稹在皇帝面前说了张祜的坏话,影响了他的前途。

【心灵语丝】

语言不仅可以传递信息,更是一种情感的交流。良言可以温暖人心,激励人们,鼓舞人们。而恶语只能给人的心灵造成无法弥补的创伤。

一句宽慰的话可化干戈为玉帛;一句污辱的话会促使一个善良的人行恶;一句激励的话让人振奋;一句甜蜜的话让人幸福;一句讽刺的话让人愤怒;一句冷漠的话让人心寒。赠人以言,重于珠玉;伤人以言,甚于剑戟。所以把握好说话态度,才能让语言如同春风一般温暖和美好。

【古诗注解】

[1] 张祜,字承吉,贝州清河(今属河北)人。张祜的一生,在诗歌创作上取得了卓越成就。《全唐诗》收录其349首诗歌。

留心"糖衣炮弹"

李适之(694—747),唐宗室,李承乾之孙。李适之酒量极大,与贺知章、李琎、崔宗之、苏晋、李白、张旭、焦遂,并称为"饮中八仙"。

李适之在担任左相期间,曾因争夺权力而与右相李林甫关系不和。李林甫想除掉他,有一次对李适之说:"华山盛产黄金,开采后可以使国家富强,估计圣上还不知道。"李适之生性鲁莽,信以为真,于是迫不及待上奏唐玄宗。玄宗很高兴,问李林甫知不知道这件事,李林甫说:"臣知道这件事很久了,但是考虑到华山是陛下的本命,不可以开掘,所以不敢告诉您。"玄宗觉得林甫忠心可靠,李适之轻率不稳。李适之被罢相也在预料之中。任宰相五年之后李适之被免职,他写了一首诗:

避贤[1]初罢相,乐圣[2]且衔杯。
为问门前客, 今朝几人来?

罢相之后,李适之被贬宜春。但是林甫仍不放过他,凡与李适之关系密切的官员纷纷被赐死,凡经过岭南的被贬者都被杀。当朝廷使者快到宜春时,李适之吓得精神崩溃,然后服药自杀了。

【心灵语丝】

　　知人知面不知心,画龙画虎难画骨,这句老话说的是小人难防之意。在人际交往中,有些人是口蜜腹剑,笑里藏刀,相信许多正直的朋友都在这上面栽过跟头。所以,在人际交往的过程当中,要适时地留一个心眼,不能被一些溜须拍马的招数迷惑。保持清醒的头脑,分辨利害得失,才能不被口蜜腹剑的小人钻了空子。

【古诗注解】

　　[1] 避贤:给贤者让路。
　　[2] 乐圣:双关语,圣,即圣人,指皇帝。

赠人玫瑰，手有余香

唐朝诗人周匡物，青年时期就诗名远播。但他多磨难，连续十几年考进士都没考中，十分贫穷困苦。又是一年进京备考，但是他连过河的船费都付不出。他只得在钱塘江边干着急，最后甚至走投无路跑到衙门的墙上题了一首诗《应举[1]题钱塘公馆》：

> 万里茫茫天堑[2]遥，秦皇[3]底事不安桥。
> 钱塘江口无钱过，又阻西陵两信潮。

衙门内的郡牧看后，把负责摆渡过江的小吏责备了一番。并且宽慰周匡物，赠送了盘缠，又免费送他过江。之后郡牧规定，凡是赴考学子过江，一律不收费。

第二年，周匡物参加考试一举成功。他百感交集，内心十分的感谢，他即兴题诗表达喜悦心情《及第谣》：

> 水国寒消春日长，燕莺催促花枝忙。
> 风吹金榜落凡世，三十三人名字香。
> 遥望龙犀[4]新得意，九天敕下多狂醉。
> 骅骝[5]一百三十蹄，踏破蓬莱五云地。
> 物经千载出尘埃，从此便为天下瑞。

【心灵语丝】

给予是一种美德,更是一种境界。人的一生,不可能平静度过,不能孤立于社会及他人,他需要有他人的关爱与帮助,同时他也应该为他人付出自己的爱。赠人玫瑰,手有余香。那是幸福的香味,关爱的美丽。回望我们生活的社会中,茫茫人海,匆匆过客有不少。但是人们不曾忘记留下自己的一份爱、一份帮助。帮助尽管很渺小,但却让每一位受助之人如沐春风,或许这就是人类最无私的美丽,它让这个世界远离浑浊,走向光明。

【古诗注解】

[1] 应举:参加科举考试。

[2] 天堑:自然险阻。

[3] 秦皇:指宪宗皇帝。

[4] 龙墀(chí池),指臣子朝见天子的地方。

[5] 骅骝,赤色的骏马。

生活中要添加一点小幽默

中唐时代,有一个人叫张打油,他和他的"打油诗"[1]是唐诗中的一种特殊诗体,也一直流传至今。一年冬天,一位大官去宗祠祭奠。刚进大门,就看见粉刷雪白的照壁上面写了一首诗:

六出九天雪飘飘,恰似玉女下琼瑶。
有朝一日天晴了,使扫帚的使扫帚,使锹的使锹。

大官非常生气,师爷看了一眼墙上的诗对大官说:"大人不用查了,看这诗的口气,一定是那个张打油。"于是张打油被带到大官跟前,但是他一点也不害怕,辩解这个诗不是他写的。大人一听,决定试张打油一下。张打油也不谦让,张口便吟道:"百万贼兵困南阳,也无援救也无粮。"大人摸了摸胡子,说:"嗯,不错,继续写来。"于是,张打油一气呵成后三句:"有朝一日城破了,哭爹的哭爹,喊娘的喊娘!"

这几句,可把大家逗乐了,因为这分明与"使扫帚的使扫帚,使锹的使锹"简直是一模一样。这位大官也被逗乐了,于是饶了张打油,打油诗也从此远近闻名。

【心灵语丝】

俗话说:"耳光不打笑脸人。"幽默是人际交往中的重要法宝,幽默的人让人感觉轻松并且好相处。所以,他容易得到更多的朋友。一个具有幽默感的人,随时随地都能发掘事情有趣的一面,懂得欣赏生活,并且乐在其中,能够建立起自己独特的风格和幽默的生活态度。

【古诗注解】

[1]打油诗:内容和词句通俗诙谐、不讲究押韵,所以要求的文学知识和格律不高,便于普通人口耳相传。同时是由于社会的动荡不安,打油诗也是人们批判现实,对社会的认识以及面对生活所表达的一种形式。打油诗,创作起来比较容易,便于广大人民群众接受,便于记忆等。所以打油诗容易流传开来。

元白唱和咏友谊

中唐诗人间的交往唱和之风,早在贞元年间就已经出现了。当时文人游玩宴会多要作诗唱和,有时即使不游宴,也要以诗唱酬,或联络感情,或展示才学。元稹、白居易就是这方面的典型代表。

两人在相识之初,就有好几首酬唱作品,此后他们分别被贬,一在通州,一在江州,虽路途遥遥,仍然酬唱不绝。所谓"通江唱和",也就成为文学史上一个令人瞩目的现象。如白居易有《东南行一百韵》寄元稹,元稹即作《酬乐天东南行诗一百韵》回赠。白居易《舟中读元九诗》中写道:

把君诗卷灯前读,诗尽灯残天未明。
眼痛灭灯犹暗坐,逆风吹浪打船声。

元稹就以《酬乐天舟泊夜读微之诗》回赠白居易:

知君暗泊西江岸,读我闲诗欲到明。
今夜通州还不睡,满山风雨杜鹃声。

元、白这类酬唱为主的短篇小诗在当时流传颇广,这些小诗不仅反映出两位大诗人的文学素养,更加体现了唐朝诗人之间深深的情谊。

【心灵语丝】

友谊不是追星,是双向的,是建立在彼此尊重、彼此信任、彼此关注、彼此爱护基础上的;友谊的深厚与否是朋友间的感受,而非外人感受,不能由外人感受或来往的文字多少定。在我们的现实生活中也是一样,真正的朋友,不是表面上对你说什么,而是在你失落的时候是否愿意帮助你,让你依靠。

【古诗印记】

唱和(chàng hè),诗词术语。亦作"唱酬"、"酬唱"。唱和有两种不同的方式:一种是甲方赠乙方的诗词,乙方根据甲方所赠诗词的原韵写来回答,唐代白居易、元稹二人这种依韵唱和的诗颇多。另一种是乙方回答甲方所赠的诗词,只根据原作的意思而另自用韵,唐代柳宗元与刘禹锡之间的唱和诗就属这一类。

李杜友谊传千古

李白和杜甫是我国历史上两位最伟大的诗人,后世分别称他们为"诗仙"和"诗圣",这一仙一圣之间的友谊也是十分深厚的。

他们生活的时代是唐朝由全盛到逐步衰退的时期。坎坷的生涯和颠沛流离的生活,使他们有了共同的语言。天宝三载(744)杜甫在洛阳恰逢李白,两位诗人相见,赋诗作歌,情同手足。

李、杜互相写的赠寄诗充满了真诚的情谊。杜甫在《与李十二白同寻范十隐居》中说:

余亦东蒙客[1],怜君如弟兄[2]。
醉眠秋共被, 携手日同行。

他还写下了《赠李白》、《春日忆李白》、《冬日有怀李白》、《天末怀李白》、《梦李白》等诗。李白比杜甫年长十一岁,但对杜甫非常敬重。他曾写下《沙丘城下寄杜甫》一诗:

我来竟何事, 高卧[3]沙丘城。
城边有古树, 日夕[4]连秋声。

鲁酒不可醉， 齐歌空复情。
思君若汶水[5]，浩荡寄南征。

李白与杜甫之间的友情就是唐朝诗人之间的情谊写照，也是中国历史上的佳话。

【心灵语丝】

"人生得一知己足矣！"真的有一知己，才会更多体味人间那点点令人动心的美。回忆那些在一起的时光，友情的岁月，是记忆里最美的画面。怜悯你的人不是朋友，帮助你的人才可能是朋友。

【古诗注解】

[1] 东蒙客：山在东，故曰东蒙。沂与兖州为邻，公在兖，故称。

[2] 怜君如弟兄：使两国相亲如弟兄。

[3] 高卧：这里指闲居。

[4] 日夕：朝暮，从早到晚。

[5] 汶水：鲁地的河流名，河的正流在现代叫大汶河，源出山东省莱芜市东北原山，向西南流经泰安市、徂徕山、汶上县，入运河。

一 字 千 金

唐朝文学家王勃到南昌,赶上都督阎伯舆的宴会,一气呵成《滕王阁[1]序》。最后写了序诗,其中有:

闲云潭影日悠悠[2],物换星移[3]几度秋。
阁中帝子[4]今何在?槛[5]外长江□自流。

最后一句空了一个字不写,将序文呈上就上马走了。在座的人看到这里,有人猜是"水"字,有人猜是"独"字。阎伯舆都觉得不对,赶忙派人去追回王勃,请他补上。

赶到驿馆,王勃的随从对来人说:"我家主人吩咐了,一字千金,不能再随便写了。"阎伯舆知道后,马上说道"人才难得",便包好千两银子,亲自率领文人们到驿馆来见王勃。

王勃接过银子,故作惊讶地问:"我不是把字都写全了吗?"大家都说:"那里还是个空(kòng)字呀!"王勃说:"对呀!是'空'(kōng)字,'槛外长江空自流'嘛!"

大家听了都连称:"绝妙!奇才!"

【心灵语丝】

有的时候,人往往存在一种思维上的定式。生活中的一

王　勃

点小机智和小幽默，不仅是一种个人魅力的展示，更是人际交往中的润滑剂。

【古诗注解】

[1] 滕王阁：故址在今江西南昌赣江滨，江南三大名楼之一。

[2] 日悠悠：每日无拘无束地游荡。
[3] 物换星移：形容时代的变迁、万物的更替。物，四季的景物。
[4] 帝子：指滕王。
[5] 槛：栏杆。

王 维 献 曲

开元九年,王维从蒲州(今山西永济西部)到长安应试,踌躇满志,立志要摘取桂冠。他听说诗人张九皋通过唐公主的途径,已得到录取为殿试第一的许诺。王维情绪非常低落,只得与好友歧王李范(玄宗的弟弟)诉苦,李范给他出了一个主意,要王维准备好两件事:一是录其清新隽永的诗作十首;二是自谱琵琶曲一首习熟。五天后为其引荐于公主。

待到引荐之日,李范把王维打扮一番,先让其在显著的位置与众乐伎翩翩起舞。王维卓尔不凡的气质引起了公主的注意。公主向李范探询其人,李范意味深长地说:"此人知音也!"接着让王维奏琵琶,王维弹的就是自己的新作《郁轮袍》,高超卓绝的技艺令听者无不动容。公主更是大奇,让王维进一步介绍。王维立即献上诗卷,公主读毕惊骇至极,曰:"这些皆我平时吟诵者,原以为古贤佳作,乃子之为乎?"于是以贵宾之礼待王维。当公主悉知王维也是来京赴考的举子时,即曰:"此等才华横溢之士不登榜首,更待何人?"

主考官当然心领神会。殿试之上,王维终于获得了第一,从此踏上仕途,名扬四海。

【心灵语丝】

成功的路上,贵人就代表着机遇。但是,是否是未来的贵人,其实无法一眼就看出,因此不要只重功利地与人相处,人际交往的过程中还是需要一份真诚。

元稹哭妻

中国的悼亡诗的历史十分悠久,最早是泛指那些以悼念为国家献身的将士,故去的亲朋好友为题材的诗歌。这种题材的诗歌流传下来的不仅数量多,而且非常感人。但自晋以后,悼亡诗却成了以悼念亡妻之作的专有名词,而唐代诗人元稹怀念妻子韦丛的作品就是悼亡诗的代表作品。首先让我们读读元稹悼亡之作《遣悲怀三首》之一:

谢公最小偏怜女[1],自嫁黔娄[2]百事乖[3]。
顾我无衣搜荩箧[4],泥[5]他沽酒拔金钗。
野蔬充膳甘尝藿[6],落叶添薪仰古槐。
今日俸钱过十万, 与君营奠复营斋。

本诗开始以东晋宰相谢安的侄女谢道韫比喻自己的妻子韦丛,以春秋时贫士黔娄自比。因为当时元稹的妻子出身名门,却单单嫁给了还没有考中功名的元稹。然而妻子恰似黔娄之妻那样并没有抱怨和不满,而是每当自己没有衣裳的时候总是在柳条箱里翻去找来,我想酒的时候经常拔下钗头去换酒给元稹,妻子用野菜豆叶充作菜饭,用干树叶当柴取暖,显示出了妻子甘于清贫的美德。可是等到元稹做官后,

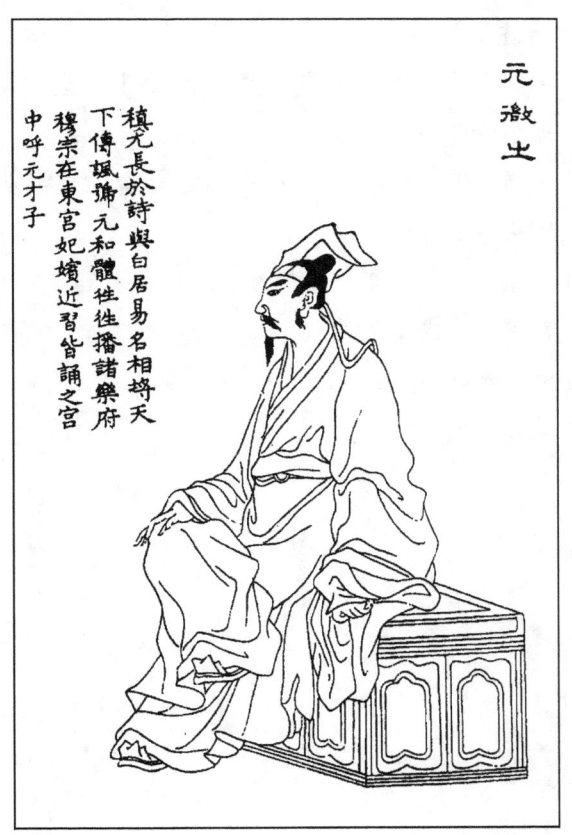

元　稹

他的妻子就亡故了,他只能供些斋饭和烧些纸钱聊表哀思。作者以细腻的笔触追忆亡妻生前同自己共度贫寒的种种生活细节,看似平常,字里行间充溢着诗人对亡妻的深情和眷恋,同甘苦却未能同富贵,凄苦哀婉之情跃然纸上。

　　作者的悼亡诗不仅在人物描写和性格刻画方面获得了巨大的成功,而且把悼亡诗的创作推向了高峰。

【古诗注解】

[1] 韦丛是太子少保韦夏卿最小的女儿。此以谢安最偏爱侄女谢道韫之事为喻。

[2] 黔娄：战国时齐国的贫士。此自喻。言韦丛以名门闺秀屈身下嫁。

[3] 百事乖：什么事都不顺遂。

[4] 荩箧：竹或草编的箱子。

[5] 泥：软缠，央求。

[6] 藿：豆叶。

杜 牧 失 约

大和(827—835)末年,杜牧从监察御史转到江西观察使沈传师幕府中供职。江西没有扬州繁华,也没有扬州那么有秀色可餐。一向风流的杜牧颇有凄凉、寂寞之感。江西这里的民风相对保守,他索性专门到湖州寻访美女。杜牧和湖州刺史是老朋友了,得知杜牧专门为找心上人而来,便盛情款待,让各色女子作陪。但杜牧愣是没看中一个。杜牧说,能不能搞个大型的水上划船活动,让全州的百姓尽量都来参与海选,到时候,我再慢慢挑。杜牧胡闹的提法,湖州刺史干脆好人做到底,竟然也答应了。但差不多到了傍晚,还是没有找到。就是他几乎失望的时候,忽然看到一个村妇带着一个十多岁的女孩子。"众里寻她千百度"就是她了,那个十多岁的女孩子。杜牧把这对母女接到船上,对那个母亲说,"我要娶你的女儿为妻。你别紧张,不是现在,定个日子,几年之后我一定来娶。"女孩的母亲说,"几年之后的事谁能说得定呢?你失信了我们找谁去?"杜牧自负地说:"放心吧,不出十年,我必定来做此地的刺史;倘若我失信、十年不来,那任你嫁女。"女孩等啊等,十年过去了,十一年过去了,还是不见杜牧来。

唐宣宗大中三年(849),杜牧才如愿以偿,终于当上了湖

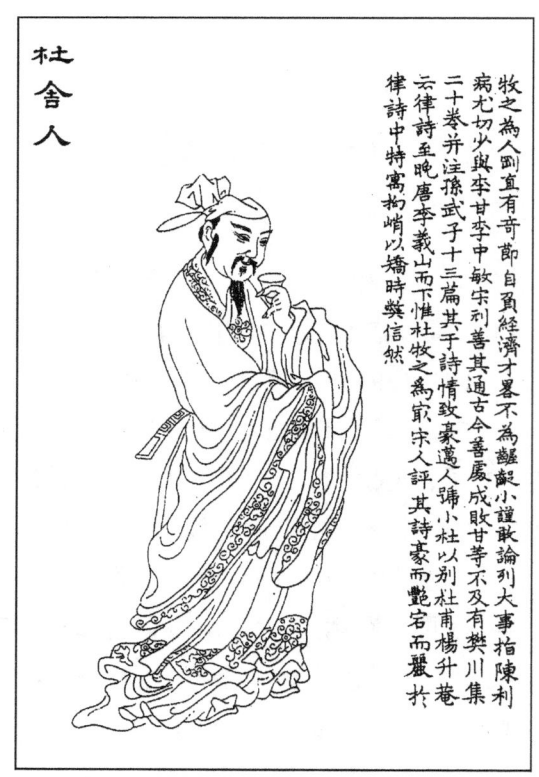

杜 牧

州刺史。这时候已经过去了十四年。距离与当年那女孩约定迎娶的时间,已经过了四年。约定的女孩早已嫁人,且已生了三个儿子。杜牧问女孩的母亲:"之前你已然答应把女儿许配给我,为什么失约?"女孩的母亲说:"当时的约定期限是十年,可现在已经过去十四年了。是你失信在先。"杜牧重看了当年之约,无话可说,只好送他们回去。杜牧很失落,写了这首《叹花》诗:

自是[1]寻芳到已迟，往年曾见未开时。

如今风摆花狼藉， 绿叶成荫子满枝[2]。

【古诗注解】

[1] 自是：都怪自己。

[2] 子满枝：双关语。即使是说花落结子，也暗指当年的妙龄少女如今已结婚生子。

【名人、名言点拨】

言不信者行不果。　　　　　　　　　　——墨子

当信用消失的时候，肉体就没有生命。　　——大仲马

人无信不立。　　　　　　　　——《论语·颜渊》

言必行，行必果。　　　　　　——《论语·子路》

郭绍兰托燕寄书

　　唐京都长安,曾有一女子,名叫郭绍兰。她出身书香门第,饱读诗书,喜作诗文。但是很不幸,她的父母早亡,家道中落,只能下嫁给一个叫任宗的商人为妻。

　　她的丈夫多数时间都出门在外,留郭氏独守空房,颇为寂寞。有一次,任宗去湖南经商,一去好多年,音信全无。时间久了对丈夫的担忧与思念一日胜似一日。

　　有一天,郭绍兰在水边闲坐,百无聊赖,她看见水面燕子成双成对,比翼齐飞。她不由悲伤起来:鸟犹如此,人何以堪?薄情的丈夫,怎么这么久了都不回家!正在这时,有只燕子似乎明白了她的思绪,竟然飞到了她的面前。郭绍兰对燕子说:"燕子啊!你想要帮助我找到我的夫君吗?"那只燕子竟然叫了几声,好像是满口答应下来。

　　于是,她拿出文房四宝,一气呵成写下了这样的一首《寄夫》:

　　　　我婿去重湖,临窗泣血书。
　　　　殷勤凭燕翼,寄书薄情夫。

　　写好了诗,她便把诗卷成小筒系在那只燕子的腿上,小燕子徘徊了几圈之后，飞向了远方。"夫君啊！快快回家吧！"无巧不成书，那只燕子飞跃千山万水，竟然在茫茫人海中找到了郭绍兰的丈夫。任宗见燕子足上系的信，打开一看，原来是妻子呼唤自己早日回家的诗，不禁大为感动，赶紧回家与妻子团聚去了。

人 面 桃 花

崔护是唐朝的一位书生,出身于书香世家,天资聪明,清高孤傲。一年清明时节,崔护去郊外春游。他觉得有些口渴,想找一处乡野农家讨些水喝。他来到一小院,走出一位妙龄少女。他说明来意,少女将他请入家中好好地招待。第二年春天,崔护来到城外寻找往日的旧梦。他找到了那幢茅舍。走近院落,里面寂静无声。茅舍门上静静地挂着一把铜锁,主人已不在此。他怅然地在房门上写下七绝一首:

去年今日此门中,人面[1]桃花相映红。
人面不知何处在,桃花依旧笑[2]春风。

数日之后,他再度寻访。这次,他很容易地找到了茅舍,他听到里面传出了哭声,一位白发苍苍的老汉问道:"你是崔护吧?"老汉涕泪横流,哽咽地述说道:"爱女绛娘,自从去年见了你,日夜牵肠挂肚,总不见你的踪影,本已绝望,前几天到亲戚家小住,归来见到门上你所题的诗,痛恨自己错失良机,因此不食不语,一病不起。"听了这番哭诉,他奔入内室,抱住断气不久的绛娘。崔护一边摇晃着绛娘,一边大声哭喊,绛娘竟然悠悠地苏醒过来。随后,崔护回家依礼行聘,择一吉日将绛娘娶进门来。

崔护娶了绛娘,仕途一帆风顺,官至节度使。他为官清正,政绩卓著,深受百姓爱戴。

【古诗注解】

[1] 人面:一个姑娘的脸。第三句中"人面"指代姑娘。

[2] 笑:形容桃花盛开的样子。

并蒂莲花

大历才女晁采与邻居书生文茂青梅竹马,但因为有门第之阻,两人只能寄诗来传达对彼此的爱慕之情。

孤灯才灭已三更,窗雨无声鸡又鸣。
此夜相思不成梦,空怀一梦到天明。

文茂写了诗表达自己的情感,晁采马上回复他:

思君远别妾心愁,踏翠江边送画舟。
欲待相看迟此别,只忧红日向西流。

晁采曾以赠莲子达意,"莲子"是"怜子"的隐语。有一颗莲子坠于池塘中,过了十来天竟然开出并蒂莲花。文茂将这一喜讯告诉晁采,两人趁机欢聚一堂畅叙衷肠。晁采的母亲得知此事后感叹"才子佳人,自应有此"。于是,将晁采嫁给了文茂,有情人终成眷属。

宫女战袍传情

唐开元年间,玄宗皇帝赏赐戍边战士们衣物,他令自己后宫的宫女们亲自缝制。衣服发下去了,一个战士在自己的短袍中发现了一首诗,诗曰:

> 沙场征戍客,寒苦若为眠。
> 战袍经手作,知落阿谁边?
> 蓄意多添线,含情更着绵。
> 今生已过也,重结后生缘。

战士读着情诗,想像着对方情意绵绵的样子,暗暗动心了。但是如何才能跟这个多情少女取得联系呢?战士灵机一动,把这件事上报给了主帅。主帅将这件事一字不落地上报到皇帝那里。唐玄宗得到奏报,拿着情诗到后宫去询问:"这是谁写的啊?是谁写的尽管说,我不会怪罪的!"话音刚落,宫女何氏站出来说:"皇上,是我写的,我知罪!"

皇上忽然沉默了,所有的人都屏住呼吸。这时皇上笑了,说:"既然如此,我就成全你的好事,把你嫁给那个小兵!"戍边士兵和何氏宫女终成眷属。

绿 珠 怨

唐朝有一个叫乔知之的人，工于诗歌，与陈子昂交谊深厚。武则天时，历任左补阙、侍御史、左司郎中。乔知之有一个婢女叫碧玉，容貌艳丽，能歌善舞，并且很有文才。乔知之很喜欢碧玉，决定终生不再娶妻。朝中的左丞相武承嗣垂涎才貌双全的碧玉，设计骗她进了宰相府，强纳为小妾，再也不让她和乔知之见面。乔知之思念碧玉，忧愤成疾，想起晋代绿珠的故事，便在一块细绢上写了一首《绿珠怨》，派人买通武家的仆人，送到碧玉手中：

石家金谷重新声，明珠十斛买婷婷。
昔日可怜偏自许，此时歌舞得人情。
君家闺阁不曾观，好将歌舞借人看。
意气雄豪非分理，骄矜势力横相干。
辞君去君终不忍，徒劳掩袂伤铅粉。
百年离恨在高楼，一代容颜为君尽。

碧玉读完诗，泪流满面，绝食三日之后，把写有《绿珠怨》的细绢系在裙带上，投井自尽了。武承嗣打捞出尸体，发现系在裙带上的诗，恼羞成怒，竟将乔知之诬告下狱，匆匆杀害了。

山妻不信出身迟

唐朝秀才杨志坚非常热爱学习,但是他的家境十分贫寒。他的妻子王氏因嫌贫而向他索要休书离婚。杨志坚无奈,赋诗一首《送妻》:

平生志业在琴诗,头上如今有二丝。
渔父尚知溪谷暗,山妻不信出身迟。
荆钗任意撩新鬓,明镜从他画别眉。
今日便同行路客,相逢即是下山时。

王氏拿上这首诗,到官府请求离婚。州官颜真卿认为王氏嫌贫爱富改嫁是伤风败俗的举动,就判她棰刑(即打二十大板)准其改嫁,以此来作为警示。他赠送杨志坚布帛二十四、米二十石,并且留他在自己的县衙里任职。他将此事公之于众,此后,这一带再也没有因为嫌丈夫贫穷就离婚的案件了。

阿倍仲麻吕的故事

唐代,中国政治安定,经济繁荣,文化昌盛,国威远播。邻国名人学士纷纷来唐学习。日本对唐朝先进文化的热情更高。他们不顾当时海上交通的艰难险阻和巨大牺牲,不断向唐朝派遣使者和留学生。阿倍仲麻吕就是其中杰出的代表。

公元717年,阿倍仲麻吕在到长安以后不久,就入了国子监太学,这是教育贵族子弟的高等学府。仲麻吕聪敏勤奋,成绩优异。太学毕业后参加科试,一举考中进士。进士是高等文官仕补,它要求深通天下大政,长于诗文,是当时最受尊重的荣誉,因而也是学士们拼力争夺的目标。仲麻吕作为一个外国人,取得进士的桂冠,说明他的学识确是出类拔萃的。随后,他在725年任洛阳司经校书(负责典籍整理,正九品下),728年左拾遗(从八品上),731年左补阙(从七品上)等职。由于他德才兼备,诗文俱佳,得到唐玄宗赏识,后被任命为秘书监,赐名晁衡,经常在御前侍奉。

仲麻吕不仅学识渊博,才华超人,而且感情丰富,性格豪爽,是一位天才诗人。仲麻吕和大诗人、尚书右丞王维也有莫逆之交。当他归国前夕,王维赠给他的送行诗《送秘书晁监还日本国》,充分表达了他们两人的深厚友谊:

积水不可极[1]，安知沧海东。
九州何处远，万里若长空。
向国惟看日，归帆但信风。
鳌[2]身映天黑，鱼眼射波红。
乡树[3]扶桑[4]外，主人孤岛中。
别离方异域，音信若为通。

王维还专为此诗写了很长的序文，热情赞颂中日友好的历史以及仲麻吕的超人才华和高尚品德。这是中日两国友谊史的真实写照。

【古诗注解】

[1] 极：引申为达到极点、最大限度。

[2] 鳌（áo）：传说中海中能负山的大鳌或大龟。

[3] 乡树：乡野间的树木。清朝朱彝尊《送金侍郎铉填抚七闽》诗之一："玉节官桥河畔柳，锦帆乡树越中山。"

[4] 扶桑：神话中的树名。《山海经·海外东经》："汤谷上有扶桑，十日所浴，在黑齿北。"郭璞注："扶桑，木也。"《海内十洲记·带洲》："多生林木，叶如桑。又有椹，树长者二千丈，大二千余围。树两两同根偶生，更相依倚，是以名为扶桑也。"

宫女韩氏题诗红叶结良缘

唐僖宗年间,有一位落魄的读书人叫于祐,千里迢迢来到京城赶考,考完之后,他便在一家小旅馆里住了下来,等待着发榜的日子。

有一天,于祐不知不觉中走到了长安皇城的东墙边外。这是帝王的后宫,里面住的是那些嫔妃宫女。于祐沿着御河走着,突然发现,水面上飘来很大一片红叶,特别醒目,他就顺手捞上来。红叶上面竟然有几行小字,虽然经过水的浸泡,有些字已经模糊了,但仍然可以辨认出来:

流水何太急,深宫尽日闲。
殷勤谢红叶,好去到人间。

于是,于祐把这片红叶仔细珍藏了起来,第二天一大早,他来到了宫墙的南面,这里的水会流向宫里,他从袖中拿出一枚红叶,上面是昨夜就题好的两句诗:

曾闻叶上题红怨,叶上题诗寄阿谁?

会考终于发榜了,于祐又一次名落孙山,他痛苦极了。

转眼,于祐已经到了四十岁,仍然贫困潦倒,孤苦一身,他时常会想起红叶题诗的事情来。一天,他的好朋友告诉于祐,皇帝开恩,要放一些宫女出宫准许她们成家。于祐跟一位韩姓宫女就喜结良缘了。

　　无巧不成书,婚后一天韩氏闲坐在于祐的书案前,随手拿了一本看来,哪曾想里面有一枚干枯的红叶,仔细一看不禁大惊:"啊!这是我当年红叶诗,怎么会在这里?"丈夫一听也是大吃一惊,更是大喜,就把往事的来龙去脉说了一遍,韩氏取来一个小盒子,郑重打开也取出一枚红叶,于祐借来一看,竟是他当年回复的那枚红叶。人若有缘,无声的流水也来帮忙。

　　此后,于祐和韩氏更是恩爱有加,终老一生,也给后世留下了一段婚姻奇缘。

赵氏"讽"夫

唐朝有个读书人,名叫杜羔。杜羔多次进京赶考,可是每次都是名落孙山。他的妻子赵氏是个心直口快的人,自小又读过书,颇能吟诗作文,便写了一首诗《夫下第》来讽刺杜羔:

良人的的有奇才,何事年年被放回。
如今妾面羞君面,君若来时近夜来。

也许是受到妻子这般挖苦,杜羔发愤苦读,终于功夫不负有心人,他考中进士,要到京都长安去了。杜羔十分得意,便向妻子夸口,这一去一定要高官厚禄,回家接她享受荣华富贵。赵氏一见丈夫如此炫耀,又是好笑又是担心,便又写了一首诗《闻夫杜羔登第》来"讽刺"他:

长安此去无多地,郁郁葱葱佳气浮。
良人得意正年少,今夜醉眠何处楼。

杜羔听了很是惭愧,更明白妻子的良苦用心,前一首诗是为了叫自己发奋进取,而这一首又是在提醒他在得意之时不可沉溺于寻欢作乐之中而耽误了自己的大好前程。有此良妻,夫复何求?

孝 义 篇

仁 爱 之 心

　　大历元年(766),杜甫带着一家老小漂泊到成都,在亲友的资助下盖起了浣花草堂。堂前种着几棵枣树,每到秋天,附近总有一位老太太来扑枣充饥。杜甫总是对她客客气气,和颜悦色,随她扑。

　　但是过了几年,杜甫因为一些原因搬离草堂,到十几里外的东屯居住,将草堂让给姓吴的亲戚。不久,又到了秋天,老太太却跑来找杜甫诉苦,告诉他新主人不让扑枣。杜甫也很为难,因为吴姓人家是杜甫的表亲,他不能管得太多。但是如果不说,他觉得老太太非常可怜。反复斟酌之后,杜甫写了一首诗托人捎给这位表亲,诗题是《又呈吴郎》:

　　堂前扑枣任西邻,　　无食无儿一妇人。
　　不为困穷宁有此[1]?　　只缘恐惧[2]转须亲[3]。
　　即防远客[4]虽多事,　　便插疏篱却甚真。
　　已诉征求[5]贫到骨[6],正思戎马泪盈巾。

　　后来,吴姓亲戚看到了这首诗,被杜甫的仁爱之心打动了,就允许老妇人每年都去扑枣。这件小事,却让我们感受到诗圣的宽容和仁爱。

【心灵语丝】

纵观现实的世界，为了一点点蝇头小利争得你死我活的人实在太多。其实很多的时候，只需要一颗仁爱之心就可以改变我们的生活，完成我们梦想，让我们创造一个新世界。

做人多存仁爱之心，尤其对那些卑微渺小、处在困境中的人物，也许我们帮不了多大的忙，可是一句关怀的话语，一丝真诚的微笑，就如同给黑夜航行的一叶小舟送去了一星灯

杜 甫

火。人生在世，大家互相依存，有喜有忧，爱是生命的源泉，只要我们人人都奉献一点爱，世界将会变成美好的明天。

【古诗注解】
　　[1] 此：指扑枣之事。
　　[2] 恐惧：是老妇人担心别人说她盗窃，所以害怕。
　　[3] 转须亲：就更需要对她表示亲切、亲近。
　　[4] 远客：指吴郎。
　　[5] 征求：苛捐杂税。
　　[6] 贫到骨：一无所有，只剩一把骨头了。

忠诚比智慧更有价值

高力士(684—762),本名冯元一,是中国唐代的著名宦官之一。唐中宗景龙年间,高力士侍奉临淄王李隆基,李隆基视他为知己。他先后两次参加李隆基灭韦后、除太平公主的宫廷政变,因为有功而深受李隆基的信任,权倾朝野。安史之乱,肃宗还京后,将玄宗迁居太极宫,惟高力士一人陪侍,可见李隆基对他的器重。但是他终因得罪太监李辅国,七十七岁的高力士被流放巫州。因为伺候能诗懂乐的玄宗半个多世纪,他也能吟几句。流放地多荠菜,本地人基本是不采不吃的,高力士有感而发《咏荠菜》:

两京作斤卖,五溪无人采。
夷夏虽有殊,气味终不改。

全诗用比喻,高力士把自己比作荠菜。在京城高力士荣华尊贵,发配到五溪,无人理睬了。尽管如此,忠于皇上的心不变。这确实是好诗。流放两年之后,代宗大赦天下,高力士已是七十九岁高龄的耄耋老人,半途得知玄宗已死的消息,他朝着长安的方向嚎啕大哭,吐血而死。死后陪葬玄宗的泰陵。这一片忠君情结,千载之下,也令人感叹唏嘘。

【心灵语丝】

忠诚,是一种魅力,人格的魅力。忠诚,是一种力量,一种凝聚人心的力量。是现代社会不可缺少的品质,不管是对国家,对集体,还是对待朋友,忠诚都是不可缺少的。比尔·盖茨眼里的忠诚:"这个社会并不缺乏有能力有智慧的人,缺的是既有能力又忠诚的人。相对而言,员工的忠诚对于企业来说更重要,因为智慧和能力并不代表一个人的品质,对企业来说,忠诚比智慧更有价值。"

【名人、名言点拨】

君子坦荡荡,小人长戚戚。　　——孔丘《论语·述而》

人的生活离不开友谊,但要得到真正的友谊才是不容易;友谊总需要忠诚去播种,用热情去灌溉,用原则去培养,用谅解去护理。　　——马克思

不要强人所难

唐朝历史上出现过一个让皇帝,他就是把皇位让给了李隆基的宁王李宪。一日,他见到一个卖饼摊子的老板娘,非常喜欢,于是把她据为己有。尽管对她宠爱有加,锦衣玉食,可那个女子一直都不高兴。一天,宁王有些生气地问:"难道你还是在想念你卖饼的丈夫吗?"她默然不应。于是宁王派人找来那个卖饼的。夫妻刚见面都哭成了泪人。

这时候,唐朝的大诗人王维正好在宁王府做客,看到这个场面,觉得卖饼夫妇很是可怜,于是就写了一首小诗《息夫人》:

莫以今时宠,能忘旧日恩。
看花满眼泪,不共楚王言。

王维表面上是咏息夫人,其实是替卖饼的妻子说话,说她虽在宁王府过着锦绣生活,可怎么也忘不了贫贱夫妻的旧情。宁王看了诗,有些感触,于是就让卖饼人将他妻子领回去了。

【心灵语丝】

有的时候,坚持是一种好的品质,但是在错误的事物上坚持就往往变成一种痴迷与强占。在日常的交往过程中,我们要学会体恤身边的人。要知道他们真正需要的东西,而不是去好心办坏事。

【古诗链接】

春秋时代,楚文王也是个好色之徒,听说息国国王的夫人非常漂亮,就带兵灭了息国,掠夺了息夫人。息夫人到了楚宫,不同楚文王说一句话。楚文王想尽办法,息夫人终于开口:"我作为一个女子,不得已嫁了两个男人,又不能下决心去死,有什么可说的呢?"

家乡是心灵的归宿

贺知章(659—744),字季真,号四明狂客。贺知章诗文以绝句见长,其写景、抒怀之作风格独特,清新潇洒,著名的《咏柳》、《回乡偶书》两首脍炙人口,千古传诵。

贺知章在长安做官五十余年,到他八十多岁的时候,他早已厌倦了官场上的沉沉浮浮。于是,他向唐玄宗请示回家乡做道士。玄宗答应了他的请求,还设宴相送。贺知章满怀着浓浓的思乡之情赶回自己的家乡绍兴。离开家五十余年的他,没有改变乡音,但是他离开家乡时的亲人、朋友都已经不在了。他突然觉得特别难过,孤独地立在路旁,只有过路的儿童看到他的白胡须天真地问他:"您是从哪里来的?"

贺知章非常惆怅,于是写了一首诗《回乡偶书》:

少小离家老大[1]回,乡音[2]无改鬓毛[3]衰[4]。
儿童相见不相识, 笑问客从何处来?

【心灵语丝】

世界上总有一个地方能够给我们一种归属感,那就是家乡。将来不管我们走到哪里,离家乡多远,都会常常想起它。所以,我们要热爱家乡,这是一片生我们、养我们的地方。

【古诗注解】

[1] 老大:年纪大了,老了。

[2] 乡音:家乡的口音。

[3] 鬓毛:额角边靠近耳朵的头发。

[4] 衰(cuī):减少,疏落。

李白的另一面

> 我宿五松下，　寂寥无所欢。
> 田家秋作苦，　邻女夜舂寒。
> 跪进雕胡饭[1]，月光明素盘。
> 令人惭漂母[2]，三谢不能餐。

五松山，在今安徽铜陵县南。山下住着一位姓荀的农民老妈妈。一天晚上，李白借宿在她家里，受到主人诚挚的款待，这首《宿五松山下荀媪家》的诗就是写当时的心情。

偏僻荒凉的山村里没有什么可以引起他欢乐的事情，有的只是农民的艰辛和困苦。李白只是偶尔一宿，就有如此强烈的感受。长年累月生活在这里的农民，他们没有欢声笑语，秋夜的整个山村是一种寂静清冷的氛围。耕田种地的人家不分男女老少，不管春夏秋冬，都是辛苦劳作，艰难度日。李白非常同情他们。他沉重，他忧虑，他叹息，他坐立不安，他愤愤不平……可是对于贫寒困苦的山里人家来说，这些又能起什么作用呢？李白很无奈。

一个白发苍苍的农民老妈妈给李白跪进晚饭。下跪的老妈妈在李白心中是一个巨人！她在艰难困苦中特意给素不相识的李白做了一盘"雕胡饭"。老妈妈这样诚恳地款待李白,使他很过意不去,更感到受之有愧。再三推辞致谢,实在不忍心吃下这盘"雕胡饭"。李白的性格是高傲的,他有铮铮傲骨,可是在一位农民老妈妈面前,他却如此谦卑,毕恭毕敬,像小孩一样老实腼腆,这就是李白,天真可爱的李白。

【心灵语丝】

圣人必然有一颗体会百姓的心。我们要学会去体会,去思考别人的疾苦,只有我们把自己放在他人的角度上,才能明白他们的心情和困难。每个人都是平等的,不管贫穷还是富裕,健康还是不健康,我们都应该平等对待,并不一定富裕的人就比不富裕的人心中有更多爱,也不是说贫穷的人的自尊心就差。

【古诗注解】

[1] 雕胡饭:雕胡,菰米。即菰米饭。

[2] 漂母:漂洗丝絮的老妈妈。这里指荀老妈妈。

夜遇花神的传说

传说唐代有个老翁叫崔玄微,家境贫寒,没有妻室,在洛阳城东居住,庭院宽敞。崔翁爱花如命,就在院中遍种花卉竹木,他一人处在百花丛中,精心看护着花木,别人无故不得进入。一年春天,院中花木盛开,崔翁醉心其中。夜晚崔翁仍不忍舍花而睡。于是他乘着月色,在花丛中独步。忽然见一青衣女子款款而来,径往自己跟前。崔翁惊奇地问道:"小姐是谁家亲眷,因何深夜到此?"那青衣女子答道:"我与处士相邻,今众女伴同访表姨,欲在处士院中暂憩,不知可否?"崔翁往跟前一看,见有一群女子出现在面前,她们一个个姿容媚丽,体态轻盈。

崔翁将女子引入室中就座,问道:"诸位小姐姓甚名谁?"一绿衣女子答道:"妾姓杨。"又将一穿白色的李小姐、穿绛衣的陶小姐、穿绯衣的石阿措介绍给崔翁。不多时,青衣女子报道:"表姨来了。"众皆惊出迎,崔翁趋前与表姨相见,他举目望去,见表姨体态飘逸,言语冰冷。他突然觉得毛骨悚然。大家喝得正开心,红衣女子满斟一杯,送给表姨,并唱了一首情调凄婉的歌,歌词云:

绛衣披拂露盈盈,淡染胭脂一朵轻。

自恨红颜留不住,莫怨春风逆薄情。

众女子皆凄然。又一白衣女子唱道:

皎洁玉颜胜白雪,况乃当年对芳月。
沉吟不敢怨东风,自叹容华暗消歇。

那表姨听了两首歌,大为不悦,拂衣而走。众女子劝她不住,慌忙向表姨赔不是,但表姨已愤然东去。崔翁跟踪相送,不想步急脚滑,摔了一跌,起来后,众女子都不见了,一想,是梦吧,自己并非卧睡,他胡乱猜想着回至屋内,桌椅依然摆设,杯盘却不见踪影,只是满室异香。到了第二天晚上,崔翁又在园中漫步,见诸女子正劝阿措往表姨处请罪。阿措怒道:"何必恳求这个老太婆?有事求崔处士足矣!"众女子都齐声附和说:"好,好!"转而对崔翁说:"我们姐妹几个都住在处士园中,每年都要受恶风折磨,所以常求表姨庇护。现在阿措得罪了表姨,所以,请处士保护我们,我们姐妹一定报答你。"崔翁说:"我有何能力庇护你们?"青衣女子说:"求处士每年元旦做一红幡,画上日月星辰的图像,立于园子东侧即可。今年元旦已过,请处士做一红幡,于本月二十一日立于园东,我姐妹可免此日之难。"崔翁说:"这太容易了,敢不从命?"于是,崔翁赶忙制一红幡,于二十一日晨立于园东,不多时,狂风呼啸,飞沙走石,自洛南一路,摧花折木,但崔翁园中繁花不动,崔翁才晓得众女子皆花精,表姨是风神。次日夜,众女子送来一篮桃李花向崔翁谢道:"承蒙处士庇护,无以相报,这几斗花英送给处士,食之可延年益寿。长此以往,可以长生。"崔翁食之,果然容颜很快年轻起来,变成三十岁的样子。崔处士年年护花,最后成仙而去。

孟 郊 思 母

　　孟郊（751—814），是唐代著名的诗人。字东野，湖州武康（今浙江德清）人，现存诗歌五百多首，以短篇的五言古诗最多，代表作有《游子吟》。有"诗囚"之称，又与贾岛齐名，人称"郊寒岛瘦"。

　　孟郊仕途坎坷，直到五十多岁才中进士。年过中旬的他不得不远离家乡，任江苏省溧阳县县尉。一天晚上，他像平常一样工作到很晚。他觉得相当疲倦，就放下手中的工作，慢慢地踱步走到窗边。抬头看到那一轮圆月，回想自己几十年寒窗苦读，只是做了一个小小的县尉，觉得特别难受。他进而想到了自己的老母亲，这几十年，她为自己付出了许多的心血。他每次赴京赶考，出门前白发苍苍的老母亲总是忙前忙后，为自己准备行装。有时候，他半夜从梦中醒来，还可以看见已经眼花的老母亲还坐在昏暗的油灯下，一针一针地为自己缝衣服。但是现在，他身在异乡，不能留在老母亲的身边照顾她。想到这里，孟郊突然涌上一股炽热的情感。他迅速返身回到书案，挥毫写道：

　　　　慈母手中线，　游子[1]身上衣。
　　　　临[2]行密密缝，意恐迟迟归[3]。

谁言寸草[4]心,报得三春晖[5]。

【心灵语丝】

父母之爱永远是世界上最无私的情感。他们为了孩子可以倾其所有,不求回报。母爱就像是冬日里的一缕阳光,默默地给你温暖和保护。所以,我们要更加珍惜眼前的一切,好好生活,不让母亲操心,更加要懂得体谅母亲。全世界的妈妈都是一样的,她们心中最大的牵挂永远是儿女。

【古诗注解】

[1] 游子:出门远游的人。即作者自己。

[2] 临:将要。

[3] 意恐迟迟归:恐怕儿子在外迟迟不回家。意恐:担心。归:回来,回家。

[4] 寸草:小草;萱草。这里比喻子女。

[5] 三春晖:春天灿烂的阳光,指慈母之恩。

枫桥夜泊忆亲情

张继(约715—约779年),字懿孙,襄州(今湖北襄阳)人。他的生平流传不多。但他的诗爽朗激越,对后世颇有影响。只可惜流传下来的不到五十首。他的最著名的诗是《枫桥[1]夜泊》。下面我们就来讲讲他在枫桥发生的故事。

又到一年应考时,只可惜张继还是名落孙山。他心情十分低落,一个人来到了苏州。他希望可以通过游览苏州的美景,来暂时忘记难过的事情。可是,在苏州,张继并没有从悲伤中走出来,他天天待在住的游船上,只靠着喝酒来麻痹自己。一天夜晚,船停靠在苏州的枫桥边,张继安静地睡下了。但是在无意中,他摸到了进京赶考之前奶奶给他的那个玉观音。奶奶为了他能高中,每一天都在为他烧香拜佛。而他现在如此落魄的样子,真是对不起奶奶。想到这里,张继再也睡不着了。他披着衣服来到船头,这时候已经是深秋,寒意渐浓。他看到江上的情景,一时之间百感交集,吟诗道:

月落乌啼霜满天, 江枫[2]渔火对愁眠。
姑苏[3]城外寒山寺[4],夜半钟声[5]到客船。

【心灵语丝】

亲情是一根扯不断的细线,永远是我们的牵挂。不管是犯了再大的错误,遭受再大的打击,亲情永远是陪伴着我们的力量。它能够包容我们的错误,总是留着一个温暖的港湾让我们停留。所以,有些时候,不要责怪父母,他们给你的才是世界上最无私和伟大的爱。

【古诗注解】

[1] 枫桥:在今苏州市阊门外。

[2] 江枫:寒山寺旁边的两座桥"江村桥"和"枫桥"的名称。枫桥也叫封桥。

[3] 姑苏:苏州的别称,因城西南有姑苏山而得名。

[4] 寒山寺:在枫桥附近,始建于南朝梁代。又名枫桥寺。

[5] 夜半钟声:当时僧寺有半夜敲钟的习惯,也叫"无常钟"。

"司空见惯"背后的故事

唐代大诗人李绅一直仰慕刘禹锡的诗名,盛情邀请刘禹锡到家中做客,并设宴招待他。席间特意安排家妓歌舞,用琵琶演唱当时的教坊名曲《杜韦娘》。美酒佳人,轻歌曼舞。李绅昏昏欲醉,非常高兴,但是刘禹锡却感到浑身不自在。刘禹锡被贬在外二十三年,看到的都是百姓疾苦,与眼前灯红酒绿相比,真是天差地别。李绅端着酒,满面红光,对端坐的刘禹锡说:"久仰您的大名了,今天大家兴致都高,还想请您作诗助兴,您看可以吗?"刘禹锡想了想,吟诵了一首《赠李司空妓》:

高髻梳头宫样妆,春风一曲杜韦娘。
司空见惯浑闲事,断尽江南刺史肠。

李绅曾作过御史中丞,在当时被称为司空。这句说李司空见惯了这盛大排场,但是对刘禹锡自己来说,这样子的豪华盛宴真的是受之不起的。李绅看到这首诗,难为情地说:"这不是请刘尚书叙叙旧吗,就不要'断肠'了。"歌舞晚会结束后李绅将两个美艳歌女送给刘禹锡,刘禹锡没有接受。

"司空见惯"这个成语就是出自这首诗,意思是看惯了就不觉得奇怪了。

【心灵语丝】

正直是一种风骨,如同山中紫竹,冻雪腊梅。一个人正直的品格,不需要多少特殊的举动,因为品格如水,它已不经意地流淌在日常行为当中了。在人的一生中,有许多力量可以诱惑你、扭曲你、强迫你,令你屈服。

正直是一种硬气,纷繁人世间,金钱、权利、暴力等等,是误入歧途的外在因素。正直就是要不畏强势,敢做敢为,要能够坚持正道,要勇于承认错误。

【名人、名言点拨】

走正直诚实的生活道路,必定会有一个问心无愧的归宿。 ——高尔基

能保有着高贵与正直,即使在财富地位上没有大收获,内心也是快乐和满足的。 ——罗兰

正直意味着有勇气坚持自己的信念。这一点包括有能力去坚持认为是正确的东西,在需要的时候义无反顾,并能公开反对确认是错误的东西。 ——阿瑟·戈森

知恩图报是君子

司空图[1](837—908),字表圣,自号知非子,又号耐辱居士。晚唐诗人、诗论家。后梁开平二年(908年),唐哀帝被杀,他绝食而死,终年七十二岁。司空图成就主要在诗论,《二十四诗品》是他一生的不朽之作。

司空图很有文才、诗才,他的《偶题》诗云:

水榭花繁处,春情日午前。
鸟窥临槛镜,马过隔墙鞭。

但是他为人内敛,名声并没传得很远。绛州刺史王凝对他尤为器重,但是在别人面前他从来不炫耀这件事。咸通十年,王凝任科举主考官,司空图以名列第四考中进士。但是一起及第的几个进士都觉得司空图没名气,也像是没有人撑腰,于是常常调侃他,有浅薄者给他起绰号叫"司徒空"。这件事情终于被王凝知道了,他把同榜的进士召集过来,在宴会上对大家说:"今年的榜帖[2]喜报只发司空先辈[3]一人。"大家这才恍然大悟,司空图也由此名声大振。

不久,王凝因公事受到牵连被贬为商州刺史。司空图感念师恩,愿意跟随王凝,于是主动向皇帝表示愿意随王凝赴

司空图《偶题》诗意图

任。唐僖宗乾符四年(877),王凝出任宣歙观察使,召请司空图为幕府。第二年,朝廷授司空图殿中侍御史,但是他因感念王凝旧恩,不忍离开恩师,拖延逾期,终于触犯了皇上,被贬官。但是,司空图对于老师的感恩之情是一直被后世传诵的。

【心灵语丝】

"羊羔有跪乳之心,乌鸦有反哺之义"。感恩文化是中华民族传统美德的重要内容。

人的一生,得之于社会的"恩赐"数不胜数,父母的养育,师长的教诲,朋友的关心,同事的帮助,大自然的赠与……如果我们对生命中所拥有的一切心存感激,就能接近生活的现实,体会到人生的快乐与人间的温暖,并将感恩的心态扩大到感谢整个社会,人与人之间的关系也就会变得更加和谐。

【古诗注解】

[1] 司空图,河中(今山西永济西)人。司空图成就主要在诗论,《二十四诗品》为不朽之作。《全唐诗》收诗三卷。为人处世上,他是一个清修重德、知恩图报的君子。

[2] 榜帖:榜帖上仅载该进士一人姓名,而不载其他进士姓名,只发一人的,是主考官说了算。不是说其他人未考上进士,只是不发喜报,张榜公布照常。

[3] 先辈:唐代应科举者相互的敬称。

连寇盗也敬畏的民族气节

黄巢起义爆发后,司空图避乱到河中(今山西永济西)老家。他已明白唐朝廷难有作为,非常绝望和痛苦。就在他避乱中条山王官谷时,司空图谦称他一来并没有什么才能,二来他也知道自己福分的大小,再就是他自己现在年龄也大了,这三个原因让他决定不再出山当官,并把他所建造的亭子取名为"三休亭"。在亭子上司空图摹刻了从唐代开国以来讲究气节的文人学士及大将的画像,以供人们瞻仰。此时的许多文人官员都跟他还有所来往。他便事先建造了一座坟墓,让人在里面放上一只大棺材。遇见好天气,他就跟一班人坐在里面饮酒赋诗。有人对他的行为感到非常不解,他当即反问道:"你为何还这样看不开呢?生死其实只是一件事情的两个方面罢了。"

时处乱世,寇盗纵横,但由于知道司空图是一位有气节的长者,寇盗们从来不来骚扰他。而许多读书人或是普通老百姓知道这消息,便都过来依附他,从而得以保全性命。来避难的人越来越多,得到他庇护的人也越发多了。不久之后,昭宗被朱全忠杀害,就连刚当上皇帝没多久的哀帝也被杀害了。面对这不堪回首的残局,忠于唐朝的司空图就在接连呕血数升后绝食而亡。但他所撰写的诸多诗文却留给了人间,其中他的论诗专著《二十四诗品》[1],至今在文学评论界仍然有着巨大的影响。

【心灵语丝】

"气节"者,民族魂也。中华民族是一个十分讲究"气节"的古老民族。人生在世,气节是很重要的。气节指的是人的志气和节操。志气是人的理想信念,节操则是人的名节。中华民族历来就非常注重气节。孔子有"志气也,无求生以害仁,有杀身成仁"之说,认为人的气节比人的生命还重要,还宝贵。气节是中华民族优秀传统文化的重要组成部分,也是中华民族自古以来值得尊崇的一个道德标准。气节包括做人的气节、民族气节、革命气节等具体内容,这些都是值得我们坚持和弘扬的优秀品质。

【注释】

[1]《二十四诗品》:是诗歌美学风格问题的理论著作。它不仅形象地概括和描绘出各种诗歌风格的特点,而且从创作的角度深入探讨了各种艺术风格的形成,对诗歌创作、评论与欣赏等方面有相当大的贡献。这就使它既为当时的诗坛所重视,也给后来以极大的影响,成为中国文学史上的经典名篇。

承诺是一种责任

岑参(约715—770),是唐代著名的边塞诗人。其诗歌富有浪漫主义的特色,气势雄伟,想像丰富,色彩瑰丽,热情奔放。

岑参的性格十分的豪放慷慨。虽然是个进士,但他向往的是边塞戎马倥偬的生活和天地相接的壮美景观。终于,他得到一个机会能够到天山。因为性格相近,他与边关的一个将军成了十分要好的朋友。

有一天,他和将军一起去拜访单于,三个人有说有笑,谈得十分投机。因为一个赌局,将军赢了单于。岑参和将军两人觉得有些尴尬,因为按照赌约,单于要将身上的貂鼠袍奉送给将军。没想到单于是个十分守信用的人。马上把袍脱下来送给将军。岑参感念单于的豪爽和重承诺,于是写下了一首诗:

> 九月天山风似刀,城南猎马缩寒毛。
> 将军纵博场场胜,赌得单于貂鼠袍。

【心灵语丝】

承诺代表着一个人的责任、一种义务。在现实的人际交往过程中,有些人总是忘记自己的许诺,让承诺成为一种谎言。守信用是一种品质,特别是在现在的社会,信用常常被人遗忘。但是,只有守信用的人才是值得信任的人。

【名人、名言点拨】

一言既出,驷马难追。

诚信像一面镜子,一旦打破,你的人格就会出现裂痕。

言无常信,行无常贞,惟利所在,无所不倾,若是则可谓小人矣。　　　　　　　　　　　　　　　——荀子

人际关系最重要的,莫过于真诚,而且要出自内心的真诚。真诚在社会上是无往不利的一把剑,走到哪里都应该带着它。　　　　　　　　　　　　　　——三毛

对朋友要讲义气

江为[1]生活在唐末五代时期,政治比较动荡,他听说杭州的吴越国正在广收贤士,就想要从南唐投奔吴越国。这个时候,他的一个朋友在南唐为官,看不惯南唐的政治黑暗,也想投奔吴越国。江为知道可能会遭牵连,但还是为朋友写了一篇《投江南表》的文章,主要内容是说南唐黑暗,赞颂吴越。朋友逃到南唐与吴越的边界,却被南唐边境守军给抓住了。江为也被捕了,关进监狱,被判死刑。临刑前,他神情不乱,非常镇定地写了一首《临刑诗》:

街鼓侵[2]人急,西倾日欲斜[3]。
黄泉无旅店, 今夜宿谁家?

江为的死是为了朋友义气,他临危不惧、视死如归的精神是值得后世赞扬的。

【心灵语丝】

对待朋友是要讲义气讲真诚的,这是一种起码的信任与被信任。在人与人的相处过程中,无私的亲情毕竟只是一部分,朋友之间的情谊填补了我们剩下的情感需求。所以,朋友很重要。我们要珍惜身边的朋友,看重那份友谊,生活和学习过程中才能有不断进步的力量。

【古诗注解】

[1] 江为,南唐末时期建州(今福建建瓯)人,善于写诗。

[2] 侵:在这里是催促的意思。

[3] 西倾日欲斜:太阳向西快要下山了。

以诗送礼的智慧

元和二年(807),十八岁的李贺准备参加进士考试,便带上自己的诗作,从家乡赶到东都洛阳,首先拜见当时的国子博士大诗人韩愈。

这天,韩愈送客刚回,已经十分疲惫。他从仆人手里接过李贺的试卷,一边宽衣解带准备休息,一边浏览李贺的诗。当读到《雁门太守行》时,韩愈不禁拍案叫绝,连连赞叹。他急忙整理衣服,让仆人传李贺进见,十分热情地接见了这位年轻人。这里,李贺的这首诗,可以说是拜谒韩愈的见面礼:

黑云[1]压城城欲摧[2],甲光[3]向日金鳞[4]开。
角[5]声满天秋色里, 塞上燕脂[6]凝夜紫。
半卷红旗临[7]易水[8],霜重鼓寒[9]声不起[10]。
报君黄金台上意, 提携玉龙[11]为君死。

此诗咏唱的是一个古老的主题:效君王,为国赴难,士为知己者死。这有点像屈原的《国殇》,写的不是胜利而是失败,在惨烈的失败中讴歌将士们浴血奋战、视死如归的英雄主义精神。同时,也表达了诗人自己渴望为君为国建功立业的愿望。

随后韩愈对李贺多加提携,到后来有人毁谤李贺,说他不得举进士之时,韩愈曾为此作《讳辩》,鼓励李贺应试。

【古诗注解】

[1] 黑云:厚厚的乌云。这里指攻城敌军的气势。

[2] 摧:毁坏。这句形容敌军兵临城下的紧张气氛和临危形势。

[3] 甲光:铠甲迎着太阳闪出的光。甲,指铠甲,战衣。

[4] 金鳞:形容铠甲闪光如金色鳞片。金:像金子一样的颜色和光泽。

[5] 角:古代军中一种吹奏乐器,多用兽角制成,也是古代军中的号角。

[6] 燕脂:现在写作胭脂,一种红色化妆品。这里形容战场上战士的鲜血。

[7] 临:抵达。

[8] 易水:河名,大清河上源支流,源出今河北省易县,向东南流入大清河。"塞上"一作"塞土"。

[9] 霜重鼓寒:天寒霜降,战鼓声沉闷而不响亮。

[10] 声不起:形容鼓声低沉;不高扬。黄金台:故址在今河北省易县东南,相传战国燕昭王所筑,置千金于台上,以招聘人才、招揽隐士。

[11] 玉龙:指一种珍贵的宝剑,这里代指剑。

【古诗印记】

《中晚唐诗叩弹集》引杜诏曰:"此诗言城危势亟,摄甲不休,至于哀角横秋,夕阳塞紫,满目悲凉,犹卷斾前征,有进无退。虽士气已竭,鼓声不扬,而一剑尚存,死不负国。皆极写忠诚慷慨。"

板 荡 识 忠 臣

萧瑀，本来是南朝梁政权的后裔，曾经在隋朝和唐高祖李渊的手下做官。李世民与兄弟争夺政权，萧瑀坚定地站在李世民一边。他跟李世民是共过患难，所以李世民登上宝座的时候，萧瑀自然成为朝廷重臣。

萧瑀之所以深受李世民的喜爱，更深层的原因是他为人耿介，为官清正。李世民曾评价萧瑀说："此人不可以厚礼诱之，不可以刑戮惧之，真社稷臣也。"意思是，萧瑀这个人，你拿厚礼利诱他，拿刑具杀戮吓他，他都不怕，依然会坚持原则，真是国家的栋梁。

所以，唐太宗找画师画了萧瑀像，刻在凌烟阁上，位列第九位，作为国家的功臣流传后世。早先，萧瑀的官做到太子太保，被封为宋国公，唐太宗送了一首诗给他，题目就叫《赠萧瑀》：

疾风[1]知劲草，板荡识诚臣[2]。
勇夫安识义， 智者必怀仁[3]。

这是李世民对萧瑀的高度赞美和肯定，其中也不无感激之情。在风平日丽的日子里，"劲草"混同于一般的草；在和平安定的环境中,"诚臣"也容易混同于一般的人们。只有经过猛烈大风和动乱时局的考验,才能看出什么样的草是坚韧的,什么样的人是忠诚的。

【心灵语丝】

患难见真知,不见得你有很多朋友,但有一个算一个,既能在你顺达时与你开怀畅饮,不嫉妒,更能在你身处困境时与你风雨同舟,不离不弃。

【古诗注解】

[1] 疾风：狂猛的大风。疾风知劲草：在猛烈的大风中,只有坚韧的草才不会被吹倒。比喻只有经过严峻的考验,才知道谁真正坚强。

[2] 板荡："板荡"指政局混乱或社会动荡。识：辨别。诚臣：忠臣。

[3] 勇夫：一勇之夫,指只有勇力的人。安：怎么。义：与下句中的"仁"互文。仁义,仁爱和正义;宽惠正直。

【古诗印记】

此诗为古诗,非李世民创作。杨素替刚即位的隋炀帝平皇弟杨谅造反,炀帝致杨素的"感谢信"里也引用这两句诗。《隋书·杨素传》："炀帝手诏劳勉,引古人有言曰：'疾风知劲草,世乱有诚臣。'"诚臣即忠臣,俱避隋讳改。又《后汉书·王霸传》："疾风知劲草,岁寒见后凋。"

谁说红颜为祸水?

大家都知道,西施是被越王勾践献给吴王夫差的。历史记载,她是一位"为了国家利益"而勇于献身的"巾帼英雄",她去迷惑吴王,导致吴王腐败。最后吴国灭亡了,吴国人把气都撒在西施身上,把亡国的责任推到西施身上。而有的人却不这么看,唐人罗隐就写一首《西施》:

家国兴亡自有时[1],吴人何苦怨西施。
西施若解倾吴国, 越国亡来又是谁?

"家国兴亡自有时,吴人何苦怨西施"。一上来,诗人便鲜明地摆出自己的观点,反对将亡国的责任强加在西施之类妇女身上。罗隐反对"女人误国"的态度是一贯的。僖宗广明年间(880—881),黄巢起义军攻入长安,皇帝仓皇出逃四川,至光启元年(885)才返回京城。诗人有《帝幸蜀》一首绝句记述这件事:

马嵬山色翠依依, 又见銮舆幸蜀归。
泉下阿蛮[2]应有语,这回休更怨杨妃。

前一回玄宗避安史之乱入蜀,于马嵬坡缢杀杨妃以杜塞天下人之口。这一回僖宗再次酿成祸乱奔亡,可找不到新的替罪羊了。诗人故意让九泉之下的玄宗出来现身说法,告诫后来的帝王不要诿过于人,讽刺是够辛辣的。联系《西施》作比照,一咏史,一感时,题材不同,而精神实质是相通的。

【古诗注解】

[1] 时:即时会,指促成家国兴亡成败的各种复杂因素。
　　自有时:表示吴国灭亡自有其深刻的原因,而不应归咎于西施个人,这无疑是正确的看法。
[2] "阿蛮"即"阿瞒"的通假,是唐玄宗的小名。

【古诗印记】

花蕊夫人,后蜀孟昶之妃。后被掳入宋宫,为宋太祖所宠。她艳惊两朝,同时有了亡国之君和开国之君的两君专宠的荣华,而荣华背后是无尽的辛酸和不幸。一曲《述国亡》:"君王城上树降旗,妾在深宫哪得知;十四万人齐解甲,更无一个是男儿。"使人羞再云"女人是祸水"!

高 将 军 写 诗

唐朝是诗歌的时代,几乎可以说是全民写诗,连文盲武夫也会受到渲染,也能写诗。唐大将高崇文,打仗不含糊,但文化水平不高,大概是个"准文盲"。有一天,边关下了场大雪,他手下的文人宾客诗兴大发,纷纷写诗抒怀。大家互相拿出诗来吟诵、品评,有人丛恿将军,让将军也来一首,没想到这么一位鲁莽将军一点儿都不含糊,胸脯一拍:"没什么,老夫也来一首,"于是随口吟出:

崇文崇武不崇文,提戈出塞号将军。

那个髒儿射雁落,白毛空里雪纷纷。

诗的第一句"崇文崇武不崇文",是什么意思呢?想到作者的名字你就明白了,"我高崇文崇武不崇文"。画外音是我就是文盲一个,只喜欢舞刀弄枪。"提戈出塞号将军",虽然我不能文,但是我拿着长戈来到边疆塞外,保家卫国,俺也是堂堂大将军!现在下雪了,"那个髒儿射雁落",髒儿,当地俗语,"家伙"的意思,这句诗的意思就是哪个家伙把天上的大雁给我射下来了,害得满天飞雁毛,"白毛空里雪纷纷",以雁毛比大雪,亦素亦雅,十分有趣。

这里没有文人的"雨雪霏霏"的风雅,没有字斟句酌的修辞,语言粗俗却不失形象、幽默,可以清晰地看到军人特有的坦率和豪迈。

【心灵语丝】

不是因为格外美丽,不是因为异域沧桑,风格——自有一种力量。

【古诗印记】

《北梦琐言》:高崇文《席上咏雪》诗云:"崇文崇武不崇文,提戈出塞号将军。那个髯儿射落雁,白毛空里乱纷纷。"

献 诗 明 志

虞世南(558—638),字伯施,越州余姚(今属浙江)人,初唐的重臣,也是著名书法家。虞世南勤奋好学,从不趋炎附势、贪财好利。

一天,李世民起了雅兴,邀请弘文馆学士们共赏海池景色,学士们全部到位。景色十分秀丽,李世民开口:"要国富民强,君主必须有自知之明,臣子必须舍死力谏,决不能做杨广、虞世基那样的亡国君臣。"众人急忙附和,只有虞世南默默不语。因为虞世基是他的哥哥,隋朝的罪臣。当着虞世南的面说这话,李世民也感觉不妥,立即解释:"世南是世南,世基是世基,不可同日而语啊。说起来,杨广还是我表哥呢,很正常嘛。"这下,虞世南的脸色缓和了一些。李世民立刻转移话题,向大家介绍了昨晚写的一首诗,李世民谦虚:"大伙提点意见。"

大家都不说话,气氛有点尴尬。李世民笑了笑:"众位爱卿最近有什么新作吗?说出来供大家欣赏。"说这话时,李世民的眼神一直盯着虞世南。虞世南起身说:"今年秋天,臣做了一首《蝉》,在此献丑。"

垂緌[1]饮清露,流响[2]出疏桐。
居高声自远, 非是藉秋风。

"好！好！爱卿洁身自好，自然名声远播，这是我朝的大幸啊。"李世民从内心喜欢虞世南。

【古诗注解】

[1] 緌：古人结在颔下的帽带下垂部分，蝉的头部有伸出的触须，形状好像下垂的冠缨，故说"垂緌"。

[2] 流响：蝉声的长鸣不已，悦耳动听。

【古诗印记】

沈德潜说："咏蝉者每咏其声，此独尊其品格。"(《唐诗别裁》)清施补华《岘佣说诗》云："三百篇比兴为多，唐人犹得此意。同一咏蝉，虞世南'居高声自远，端不藉秋风'，是清华人语；骆宾王'露重飞难进，风多响易沉'，是患难人语；李商隐'本以高难饱，徒劳恨费声'，是牢骚人语。比兴不同如此。"

顾况东望瀛洲

顾况(约727—约815),字逋翁,号华阳真逸,晚年自号悲翁。苏州海盐恒山人(今属浙江),唐代诗人、画家、鉴赏家。他一生官位不高,因作诗嘲讽得罪权贵,被贬饶州司户参军。

当时的宰相听说了他的才能,宣他进京,封他做高官。但是顾况当时已经是心如止水。他写了一首诗,让来人回去答复宰相,诗是这样写的:

> 四海而今已太平,相公何用唤狂生!
> 此身还似笼中鹤,东望瀛洲叫一声。

诗的意思是:现在天下已经太平无事,宰相还在召唤我这个狂妄的书生干什么呢?我已经觉得自己像是笼中的野鹤了,还向往着传说中的神仙的地方呢!

不久,顾况便带上家人,到山里去做闲云野鹤了。

【心灵语丝】

在所有的语词里,自由足以抵达信仰的高度。如果说失去健康意味着生命的枯萎,那么失去自由则意味着生命的窒息。

【古诗印记】

《南部新书》：顾况志尚疏逸，近于方外。时宰招以好官，况以诗答之云："四海而今已太平，相公何用唤狂生！此身还似笼中鹤，东望瀛洲叫一声。"

李 白 倒 骑 驴

李白在长安并没有受到重用,只是每天为唐玄宗吟诗作乐,因此就一次次向玄宗请求回家。玄宗虽然没有看重李白,但心里确实喜爱他的诗才,见李白执意要走,只好批准。他对李白说:"你志见远大,才华横溢,虽然允许你暂时还家,但以后还会召你前来。你对朕有大功,怎么能让你空手回去呢?你想要什么,我都会一一给你。"

李白说:"我没什么想要的,只不过想手里有点钱,能天天买酒一醉罢了!"

于是玄宗就赠李白一面金牌,上面御书写道:"敕赐李白为天下无忧学士,逢坊吃酒,遇库支钱,府给千贯,县给五百贯。文武官员军民人等,有失敬者,以违诏论。"又赐给他黄金千两,锦袍玉带,金鞍宝马,随从二十人。李白的几位知心朋友,一直把他送到百里之外,在一起尽欢三日才分别。

李白锦衣纱帽,上马赶路。一路上只称自己是锦衣公子。果然,有了金牌可以遇到酒店便喝酒,遇到官府就支钱,很快回到锦州,与许氏夫人相见。众乡亲听说李白回来,都来拜贺,天天宴请,不觉过了半年。

一日,李白走到华阴县内。听说华阴知县贪财害民,李白早想治治他。来到县前,李白独自倒骑着毛驴,在县门前连连绕了三遍。那知县正在堂上,见了不由动怒:"可恶可恶!这岂不是调戏本官?"于是命令衙役把李白抓到堂上审问。李白只装醉不管,知县便命人把他押在牢中。李白说:"要我招供,就拿纸笔来。"狱官拿来纸笔,说:"看这疯汉写出什么来!"李白写道:

> 供状锦州人,姓李单名白。
> 弱冠广文章,挥毫泣鬼神。
> 长安列八仙,竹溪称六逸。
> 曾草吓蛮书,声名播绝域。
> 玉辇每趋陪,金銮为寝室。
> 啜羹御手调,流涎御袍拭。
> 高太尉脱靴,杨太师磨墨。
> 天子殿前尚容我乘马行,
> 华阴县里不许我骑驴入?
> 请验金牌,便知来历。

狱官一看,吓得魂飞魄散,忙去禀告老爷。知县见了供状和金牌,叫苦不迭,忙同大小官吏一起来参见李学士,叩头请罪。

李白见他苦苦哀求,笑道:"你们受国家爵禄,如何又要贪财害民?如果能痛改前非,我就免你违诏之罪。"知县听了,连忙谢恩。

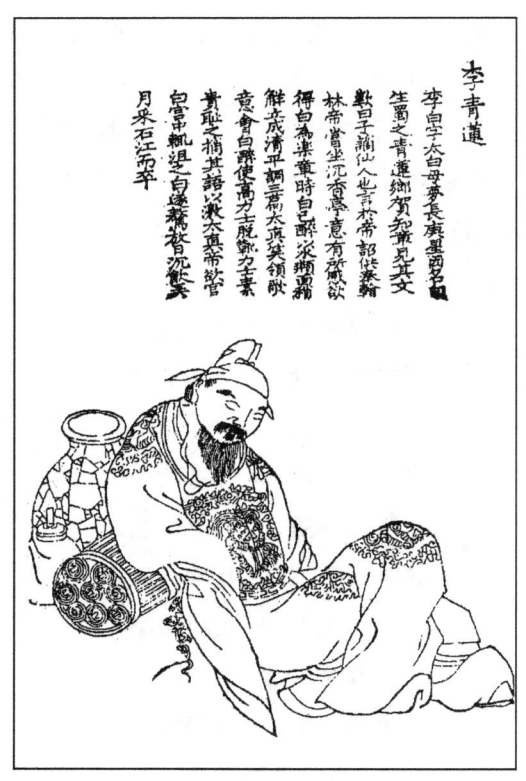

李 白

【心灵语丝】

富贵不能淫,贫贱不能移,做人要有气节有骨气。它集中体现了人生的信仰、志气和节操。做人不可有傲气,但不可无骨气,所谓骨气就是做人要坚持原则,在大是大非的问题上明是非,知荣辱,不拿原则来做交易。

名与利皆浮云

　　杜牧(803—约852),字牧之,号樊川居士,京兆万年(今陕西西安)人,是唐代著名的诗人。杜牧人称"小杜",以别于杜甫。与李商隐并称"小李杜"。后世称"杜樊川",著有《樊川文集》。

　　唐朝制度,进士及第后,还要参加吏部考试,有时也可能是皇帝亲自面试,叫制举,被录取后朝廷才授予官职。杜牧制举登科,名震四方。一日,杜牧与同时考中进士的友人一起到京城南郊游玩。走进文公寺,有一僧人穿着一件破旧的袈裟坐在一旁。杜牧上前与他攀谈,僧人只是微微地抬了一下眼睛,问杜牧姓名,旁边有人告诉他这可是新科进士,又通过了皇上的面试。僧人笑着说:"这些我都不知道。"然后继续打禅了。杜牧怅然若失,若有所思,写下了一首诗《赠终南兰若[1]僧》:

　　　　家在城南杜曲[2]傍,两枝仙桂一时芳。
　　　　禅师都未知名姓,　始觉空门意味长。

　　唐人谓登科为折桂,杜牧一年内,进士及第,又制策登科,名动京师。但是禅师却浑然不知,于是杜牧意识到尘世间的名利,在禅师看来不过是过眼云烟罢了。而世人,为着这些事情不断奔走,终日感慨和忙碌。杜牧虽然看穿了这些尘世,但是,他最终还是没有遁入空门,而是在诗歌的世界里寻找他对人生价值的理解。

【心灵语丝】

"名利"这个东西,你说不让人向往,是不可能的,关键是如何正确对待名利。人生的所求所欲,名利也好,地位也好,都是人生的一种抉择,都有它存在的原因。但是需要有一定的衡量标准来量度,究竟什么最能让人充实和幸福。甩开名利的束缚和羁绊,做一个本色的自我,不为外物所拘,不因进退或喜或悲,这样待人接物豁然达观,不为俗世所困扰。淡泊并不是力不能及的无奈,也不是心满意足的自赏,更不是碌碌无为的哀叹,淡泊就是超脱世俗的诱惑和困扰,实实在在地对待一切,豁达客观地看待一切的生活。

【古诗注解】

[1] 终南,指终南山;兰若,指寺庙。
[2] 杜曲:杜氏世居于此。

老杜的忧国忧民

安史之乱之后,杜甫的生活变得更加的困顿。在逃难的过程中,他不幸与妻子儿女失散。次年三月,他来到让他魂牵梦萦的故都长安。这时的长安虽然已经变得破败不堪,但是在杜甫看来,这山河土地仍旧是属于大唐的,而他仍然是大唐的子民。清晨,他来到杜陵,看到国家的破败,人民的流离失所,更加想念起在战争中失散的妻儿。触景生情,吟了一首非常沉痛的诗《春望》:

国[1]破山河在, 城春草木深。
感时[2]花溅泪, 恨别[3]鸟惊心。
烽火[4]连三月[5],家书抵万金[6]。
白头搔[7]更短, 浑欲不胜簪[8]。

虽然已到春天,可是杜甫觉得这样的春色显得更加的悲凉。最后,杜甫决定离开长安,去寻找自己的妻儿。在这里的浑浑噩噩的生活,已经让他觉得绝望。他找到了长安大云经寺的和尚,在他们的帮助下,离开了长安。

【心灵语丝】

我们中的很多人并没有经历那段苦难的岁月,对祖国曾经的苦难并没有深刻的体会。但是,我们永远是龙的传人,我们今天的生活都是建立在许多先辈的个人牺牲上的。这样的祖国,我们有什么理由不热爱呢?

【古诗注解】

[1] 国:国都,即京城长安(今陕西西安)。
[2] 感时:感伤时局。
[3] 恨别:悲恨离别。
[4] 烽火:这里借指战争。
[5] 连三月:是说战争从去年直到现在,已经一个春天过去了。连:连续。三:泛指多数。
[6] 抵万金:家书可值几万两黄金,极言家信之难得。抵:值。
[7] 搔:抓,挠。
[8] 浑欲不胜簪:简直连簪子也插不上了。

励 志 篇

"诗仙"的谦虚

李白(701—762),字太白,号青莲居士,是我国古代最伟大的浪漫主义诗人,有"诗仙"之称。他为人狂放不羁,藐视权贵。在长安任御用文人期间,因为得罪了高力士,在公元744年初被勒令离开长安。于是,李白开始了十年的漫游生活,这十年也是他人生中创作作品数量最多的十年。

这一年四月,李白来到湖北武昌。当地的文人墨客和地方官员,早就听说过"谪仙人"李白的大名,盛情邀请李白到当地有名的黄鹤楼[1]一聚。宴会期间觥筹交错,主客唱和,好不热闹。痛饮一番之后,李白有些醉意,自然诗情大发。朋友们也请李白赋诗一首,李白也不推辞。但就在这个时候,李白突然看到墙上已经有

李 白

了一首诗。他放下手中的笔,到跟前一看,原来是崔颢题的一首七言律诗:

  昔人已乘黄鹤去, 此地空余黄鹤楼。
  黄鹤一去不复返, 白云千载空悠悠[2]。
  晴川历历[3]汉阳树,芳草萋萋鹦鹉洲。
  日暮乡关何处是? 烟波江上使人愁。

李白看了,连连称赞:"好诗!好诗!"接着,长叹一声,向大家唱道:

  眼前有景道不得,崔颢题诗在上头。

李白没有在黄鹤楼上题诗,因为他觉得崔颢把黄鹤楼的景色写尽了,再写已经显得多余。由于李白的谦虚,崔颢的诗更加出名了。

【心灵语丝】

  谦虚并不是认输和妥协,而是一种豁达的人生态度。谦谦君子必定虚怀若谷,突出自己才能的同时,也不刻意抹煞或贬低别人,这就是谦虚。谦虚是一种了不起的修养,是进取和成功的必要前提。
  历史上大凡谦虚的人身边总是能笼络一群能人志士。谦虚的人,因为看得透,所以不躁;因为想得远,所以不妄;因为站得高,所以不傲。大诗人李白虚怀若谷,才成就了这一段历史佳话。

【古诗注解】
　　[1] 黄鹤楼:故址在湖北武昌县。
　　[2] 悠悠:久远的意思。
　　[3] 历历:清晰、分明的样子。

【古诗印记】
　　元人辛文房《唐才子传》记李白登黄鹤楼本欲赋诗,因见崔颢此作,为之敛手。严羽《沧浪诗话》谓:"唐人七言律诗,当以崔颢《黄鹤楼》为第一。"

以 人 为 师

　　唐朝的大诗人李白,晚年政治上很不得志。他怀着愁闷的心情往返于宣城、南陵、歙县(在安徽省)、采石等地,写诗饮酒,漫游名山大川。

　　一天清晨,李白像往日一样,在歙县街头的一家酒店买酒。忽然听到一阵爽朗的大笑声,接着便听见有人在高声吟诗:"负薪朝出卖,沽酒日西归。借问家何处?穿云入翠微!"李白听了,不觉一惊。这是谁?竟随口吟出这样动人的诗句!当地的酒保告诉他,这是一位叫许宣平的老翁,他恨透了官府,看穿了世俗,所以隐居深山。老人卖掉柴就打酒喝,喝醉了就吟诗,一路走一路吟。李白认定他是同自己一样的"诗狂",就下定决心要前去请教,但是以后接连三个多月都没有等到老翁。

　　这天黄昏,李白忽听到山下传来阵阵击水声,循声望去,只见一位须发飘飘的老人立在船头弄桨。这老人正是李白要找的老翁许宣平。李白连忙说明了自己的来意,老人一听,双手一拱:"你是当今的诗仙!我算什么,不过是诗海里的一滴水罢了。你这大海怎么来向一滴水求教,实在不敢当,不敢当!"李白却一把拉住老翁的衣袖,苦苦哀求道:"老人家,三个月了,我到处找你,好不容易见到了老师,难道就这样打发我回去不成!"老人终被李白的真诚感动,从此,无论在漫天的朝霞里,还是在落日的余晖中,人们经常看到李白和这位老人,坐在溪水边的大青石上饮酒吟诗。那朗朗的笑声,和飞瀑的喧哗声汇成一片,随溪水一起送到百里之外……

【心灵语丝】

三人行,必有我师焉。择其善者而从之,其不善者而改之。被尊为"诗仙"的李白,尚能如此的虚怀若谷,何况作为普通人的我们?随时注意学习他人的长处,多与人为善,待人宽而责己严。这不仅是修养、提高自己的最好途径,也是促进人际关系和谐的重要条件。

现在的时代是学习力竞争的时代,真正的文盲不是不识字没有文化的人,而是没有学习能力的人。人们的智力相差无几,要在竞争中立于不败之地,不仅要学习书本知识,更需要在社会这所大学校中多向人学习,不耻下问。

【名人、名言点拨】

三人行,必有我师焉。择其善者而从之,其不善者而改之。
——孔子

读书和学习是在别人思想和知识的帮助下,建立起自己的思想和知识。
——普希金

只要功夫深，铁杵磨成针

唐朝大诗人李白小时候非常调皮贪玩，读书并不用功。有一天，他坐在书房里，脑子里却一直想着放风筝、斗蛐蛐、钓龙虾之类的事情，根本看不进书。于是他趁家人不注意，偷偷地溜出去玩。他来到一条河边，看见一个白发苍苍的老奶奶手里拿着一根铁棒，在一块大石头上不停地磨着。李白觉得很奇怪，就走过去问老奶奶："老人家，您在干什么啊？"老人看了一眼小小的李白说："我在磨绣花针呢。"李白更加奇怪了，铁棒怎么能够磨成绣花针。这个时候老奶奶却语重心长地说："我天天磨，总有一天会磨成绣花针的。"看到老奶奶执着的样子，李白这才恍然大悟。凡事只要有恒心，再难办到的事情也可以做到。于是，他回到家捡起丢在地上的书认真读起来。

从此，李白珍惜每一分钟认真学习，终于成为了中国历史上最伟大的诗人之一。

【心灵语丝】

"铁杵磨成针"这个成语就是比喻只要长期努力不懈，再难的事也能成功的。每当遇到困难的时候，我们总是会给自己找各种各样的理由。其实，无论我们的才华、天资如何，都应该努力学习。并且无论做什么事都应该持之以恒,这样才能成功。

【名人、名言点拨】

宝剑锋从磨砺出,梅花香自苦寒来。

苦心人,天不负,卧薪尝胆,三千铁甲可吞吴。有志者,事竟成,破釜沉舟,百二秦关终属楚。

冰冻三尺非一日之寒,滴水石穿非一日之功。

时刻保持学习的激情

唐代大诗人杜甫(712—770),字子美,自号少陵野老,是盛唐时期最伟大的现实主义诗人。他忧国忧民,人格高尚。他的《绝句》诗云:"江边踏青罢,回首见旌旗。风起春城暮,高楼鼓角悲。"可见其诗风沉郁的一面。他约有1 500首诗歌被保留了下来。杜甫诗艺精湛,在中国古典诗歌中的影响非常深远,被后世尊称为"诗圣",他的诗也被称为"诗史"。杜甫与李白合称"李杜",是盛唐最具代表的两位诗人。

伟大的人物大多命运多舛,杜甫三岁的时候就失去了母亲,他被寄养在洛阳的二姑母家里。但是杜甫是幸运的,因为他的二姑母对待他就像自己的亲生儿子一样。有一次他生病,他的二姑母不分日夜地照顾他。他的病很快就好起来了,但是姑母自己的儿子却因为没有得到很好的照顾而病死了。

杜甫从小就很懂事,他知道只有好好读书才能报答姑父姑母的恩情。这样一来,他读书就更加刻苦了,常常不知疲倦,读书到深夜。在他刚七岁的时候,有一天,他正朗读一篇文章,不知不觉又到了深夜。二姑母看到他屋里的灯还亮着,就隔着窗问他:"今天在读谁的文章啊?"杜甫高兴地说:"是我自己写的诗。"

杜甫《绝句》诗意图

　　二姑母走进屋里一看,不禁夸奖道:"好诗,好诗,我们家要出大诗人了。"杜甫听到这些话深受鼓励,以后的创作中,他时常把诗作拿给姑母看,读书创作也就更有激情了。很多人都说杜甫的才学超过他的祖父杜审言。但是杜甫并不自满,仍然刻苦学习,因为他知道只有读书破万卷,下笔才能有神。

【心灵语丝】

　　学习是积累知识的过程。只有不断积累知识,我们才不会在激烈的竞争中淘汰。学习要保持激情,不能因为已经取得的一点点的小成绩而骄傲自满。而是要注重学习方法,才能不断取得进步。学习的热情是不断追求进步的动力,所以在学习中最重要的是保持积极向上的学习态度。

【名人、名言点拨】

书山有路勤为径,学海无涯苦作舟。

天才就是百分之九十九的汗水加百分之一的灵感。

——爱迪生

李贺和他的小布袋

李贺[1]天才早熟,七岁时便写得一手好诗文,当时便名动京城。但是李贺仕途坎坷,由于小人的恶意中伤,他被剥夺了进士考试的资格,以至于一生贫困。但是李贺对于创作的热情,还有他的创作状态却是使人感慨甚至是赞叹的。

李贺写诗经常是骑着一匹瘦马,系上一个小布袋,带着家中的小童子,边走边思索。一旦有了好句子或是来了灵感,他便把所想到的灵感火花急速记录下来,并把它们投进小童子所背负着的小布袋里。他写诗不急着立题,而是先要到生活中去发现题材,挖掘题材。一到家里,他往往是连饭也来不及吃,就从小布袋里拿出他白天所投进去的断章零句,然后像着了魔一样进行整理,并把它们写成一首首令人叫好的诗作。他母亲每次看到这种情况,总是非常担心儿子的身体,总是心疼又欣慰地说:"唉,作诗真的是做到废寝忘食,呕心沥血了。你怎么竟连饭也忘记吃呢?"

李贺的诗作都是他"呕心沥血"的结果,就如同这首《雁门太守行》("古诗注解"见本书第 144 页《以诗送礼的智慧》):

黑云压城城欲摧,甲光向日金鳞开。

角声满天秋色里,塞上燕脂凝夜紫。
半卷红旗临易水,霜重鼓寒声不起。
报君黄金台上意,提携玉龙为君死。

【心灵语丝】

  天才只是比其他人多了一点天赋的人,天才加上后天的勤学苦练才能够造就成功者。勤能补拙,任何一项成就的取得,都是与勤奋分不开的。勤奋是通往成功的必由之路,也是打开幸运之门的钥匙。李贺是天才,但是他的佳作却也是从他的小布袋里积攒下来的。有的时候,汗水确实是浇灌成功的肥料,只要有积极的态度,执着地坚持和勤奋的心,成功仅仅只有一步之遥。

【古诗注解】

[1] 李贺(790—816),唐代著名诗人,河南福昌(今宜阳西)人。字长吉,世称李长吉、鬼才、诗鬼等,与李白、李商隐并称唐代"三李"。

挫折成就天才

安史之乱时期,李白为避战事逗留在安徽一个叫秋浦的地方。他一共作了十七首《秋浦歌》,这组诗歌内容丰富,艺术高超,其中以《秋浦歌·白发三千丈》最为有名。

留在秋浦的大部分时间里,李白暂时忘记了国仇家恨,日子也算惬意和安适。可是,随着时间的推移,他渐渐地觉察到一种壮志未酬的痛苦。战争给人民带来的灾难,人民无家可归的场景常常在他的脑海中浮现。然后他又想到当今的统治者还在寻欢作乐,醉生梦死。一时之间,他百感交集,悲痛不已。一天早上,他起床梳理头发,看见铜镜里的自己又多了许多的白发。他回忆起十年来自己的遭遇,不禁怅然若失,于是吟道:

> 白发三千丈,缘愁似个长。
> 不知明镜里,何处得秋霜?

正因为李白的愁闷和抑郁心情实在难以排遣,所以他用"白发三千丈"这样夸张的句子来形容他心中绵绵不绝的愁苦。但是也正因为受的挫折很多,所以李白才能创作出这么多的伟大作品。有的时候挫折成就天才。

【心灵语丝】

人的一生并不可能一帆风顺,都会遇到大大小小的挫折。面对挫折,我们不应该怀有一种畏惧的心理,而是应该面对现实,并且从挫折中明白幸福的生活来之不易,从而珍惜每一份收获。遇到挫折,我们只要相信了自己,才会有勇气去迎接挑战,才不会在困难和挫折面前打退堂鼓。学会面对挫折,也是生命的一种馈赠。

【名人、名言点拨】

一个人总是有些拂逆的遭遇才好,不然是会不知不觉地消沉下去的,人只怕自己倒,别人骂不倒。
———郭沫若

即使跌倒一百次,也要一百零一次地站起来。
———张海迪

钢是在烈火和急剧冷却里锻炼出来的。所以才能坚硬和什么也不怕。我们的一代也是这样在斗争中和可怕的考验中锻炼出来的,学习了不在生活面前屈服。
———奥斯特洛夫斯基

珍惜生命中的贵人

李白爱酒如命,有酒才会有诗。传说中,一年冬天,他来到安徽的采石矶,到鲁财主的酒店去喝酒。李白品酒的功夫已经出神入化,只尝了一口,他就发现酒里面掺了水。李白十分生气,从此不再光顾这家酒店。一日,李白发现大路旁新开了一家不起眼的小酒店,一时酒兴顿起,便进去喝酒。可是让他感到惊讶的是,这家店的主人竟然是自己的老相识纪叟。他曾经在狩猎的时候碰到了被两只老虎包围的纪叟和他的儿子,于是救了他们。纪叟感念李白的救命之恩,就一直想要找机会报恩。他听说李白嗜酒如命,就在宣城开了这家酒店恭候李白。今天看见李白,纪叟拿出了珍藏很久的好酒。李白喝得畅快,诗兴大发,便在门外的"联壁台"上写了一首诗:

天门[1]中断[2]楚江[3]开[4],碧水东流至此回。
两岸青山相对出[5], 孤帆一片日边来。

自从李白题了这首诗,过路人都要停下来品读。知道是"仙人李白"所写,便一传十,十传百,很多人都慕名而来。从此以后,过路的人都到纪叟的"太白酒家"来饮酒赏诗,纪叟的酒店门庭若市,生意兴隆。而鲁财主的酒店,却很少有人光顾了。

当然饮酒也会上瘾。李白的《赠内》诗云:

三百六十日,日日醉如泥。
虽为李白妇,何异太常妻[6]。

李白《赠内》诗意图

由此可见他对妻子的愧疚之感和一片深情。

【心灵语丝】

在每个人的人生历程中,总有一些人让你一生铭记。那些从来不要回报却用心帮助我们的"贵人",帮助我们一步步走到今天。当你处于人生的十字路口,总有这样的"贵人"引导、帮助,所以,请珍惜你生命中的每一个"贵人"。

【古诗注解】

[1] 天门:即天门山,位于安徽省和县与芜湖市长江两岸,两山隔江对峙,形同天设的门户,所以叫"天门"。

[2] 中断:指东西两山之间被水隔开。

[3] 楚江:即长江。古代长江中游地带属楚国,所以叫楚江。

[4] 开:开掘;开通。

[5] 出:突出,出现。

[6] 东汉周泽任太常卿,虔敬宗庙,常病卧斋宫。妻子去看望他,他认为妻子犯了斋禁,将其投入监狱。当时有人讥之:"生世不谐,作太常妻。一岁三百六十日,三百五十九日斋。"

⊙ 唐诗的智慧

做人要有远大志向

　　杜甫在很小的时候就显露出独特的才能。他从小就下定决心要像著名文学家、史学家司马迁那样游遍中国。一方面开阔眼界，增长见识，另一方面也是提高艺术修养。所以从二十岁起，他便在现今浙江、山东、河北、河南一带漫游。

　　杜甫来到山东，和朋友一起游览了"天下第一山"泰山。刚到山脚下，他就被泰山雄伟壮阔、神奇秀丽的景色深深吸引。沿途鸟鸣山幽，树林的绿色让他顿感心旷神怡。一整天，杜甫都陶醉在泰山的雄伟壮丽当中，眼看黄昏已经悄悄降临，但是，杜甫还没有登上泰山的山顶。于是，杜甫下定决心：明天一定要登上泰山绝顶。在回去的路上，杜甫回味着泰山的风景，一时灵感忽现，写了一首《望岳[1]》：

　　　　岱宗[2]夫[3]如何？齐鲁青未了。
　　　　造化[4]钟神秀，　阴阳割昏晓。
　　　　荡胸生层云，　　决眦[5]入归鸟。
　　　　会当[6]凌绝顶[7]，一览众山小。

　　"会当凌绝顶，一览众山小"。攀登泰山的高峰显现了杜甫的雄心壮志，也显示了他敢于意气风发地攀登诗坛绝顶的信心。这首诗被后人刻在碑石上,立在泰山山顶,激励着人们不断去攀登高峰,追求理想。

【心灵语丝】
　　托尔斯泰将人生的理想分为一辈子的理想,一个阶段的理想,一年的理想,一个月的理想,甚至一天、一小时、一分钟的理想。所以说,做人一定要有远大的理想,才能不断追求进步。我们要做的是扪心自问一下,我们所希望的将来是什么样子的,然后不断向着这个目标进步。

【古诗注解】
[1] 岳:此指东岳泰山,泰山为五岳之首,其余四岳为西岳:华山;北岳:恒山;南岳:衡山;中岳:嵩山。
[2] 岱宗:泰山亦名岱山或岱岳。这里指对泰山的尊称。
[3] 夫:读"fú"。发音词,无实在意义,强调疑问语气。
[4] 造化:这里指大自然。
[5] 决眦(zì):眼角(几乎)要裂开。
[6] 会当:应当,终当,定要。
[7] 凌:登上。凌绝顶,即登上最高峰。

惜时如金

在唐朝璀璨的诗歌世界中,李贺是一颗转瞬即逝但却明亮异常的流星。李贺,中唐浪漫主义诗人代表。世称李长吉、鬼才、诗鬼等,与李白、李商隐并称唐代"三李"。他的一生愁苦多病,27岁就因病逝世。

李贺从很小的时候开始就酷爱读书,勤于写作。他的仕途很不顺利,一生只做过很低微的官职。但是这个遭受不幸的伟大诗人,却活得饱满和热烈。他从小就很有抱负,珍惜有限的时光去追求他的理想。当时,李贺的身边有一些贵族纨袴子弟,整日花天酒地,招摇过市。年轻的李贺非常不满,就写了一首《啁少年》的诗,殷切劝诫他们珍惜时间,追求梦想。诗中写道:

少年安得长少年,海波尚能变桑田。

荣枯递传急如箭,天公不肯于公偏。

李贺惜时如金,在他短暂的生命中,创作出了许许多多的诗作,光是留流后世的就有两百多首。这些诗作都是他呕心沥血的结果。他用他独特的艺术表达,在诗歌史上留下了永恒的印记。

【心灵语丝】

时间对于每一个人都是公平的,生命的年轮不是没有止境的。我们需要做的不是去把握生命的长度,因为这个无法预料,我们能努力的就是把有限的人生活得绚烂与多彩。时间像一个精灵,你听不到它,看不到它,摸不到他,而它还能从你的身边溜走、逃过,时间像流水一样无情,像开弓没有回头箭那样无任何余地,所以我们要分秒必争,让它不成为遗憾。

【名人、名言点拨】

一寸光阴一寸金,寸金难买寸光阴。

时间就像海绵里的水,只要愿挤,总还是有的。

——鲁迅

世界上最快而又最慢,最长而又最短,最平凡而又最珍贵,最容易被忽视而又最令人后悔的就是时间。 ——高尔基

少年易老学难成,一寸光阴不可轻。 ——朱熹

韩愈——成长本身就是励志故事

韩愈(768—824),字退之,唐代河南河阳(今河南孟州南)人。世称韩昌黎,是唐代古文运动的倡导者,宋代苏轼称他"文起八代之衰",明人推他为唐宋八大家之首,与柳宗元并称"韩柳",有"文章巨公"和"百代文宗"之名,著有《韩昌黎集》四十卷、《外集》十卷、《师说》等。

韩愈幼年坎坷,三岁丧父,十三岁又痛失兄长,由其嫂子一手带大。不幸的遭遇磨炼了他的意志,他刻苦自学,发奋读书。每天三更起床,无论吃饭、睡觉,手里都不曾放下书。累了,把书本当枕头,吃饭没有菜,就边看书边吃饭。

在嫂嫂的鼓励下,韩愈来到洛阳求学。在那里,他租了间茅屋居住,过着凄苦、清贫、俭朴的生活。为了博览群书,他早起晚睡,常常读书到深更半夜。就是寒冷的冬天,他也舍不得生火取暖。砚台的墨汁结冰了,他就用嘴呵呵气,使冰融化了再写;手冻僵了,他就用力搓一搓,等到发热后再写文章;读书读到口干舌燥,他就喝口青菜汤继续吟诵揣摩。韩愈苦读、背诵、深思,不断地记笔记。他记述历史事件的前因后果,并注重把前人写的文章吃透。"书山有路勤为径,学海无涯苦作舟"。这是韩愈治学的名联,更是他一生治学态度的写照。

终于，韩愈考中了进士，并名列榜首。从此以后，韩愈继续保持着高昂的学习热情，积极倡导古文运动，从事古文写作。古文逐渐压倒了骈体文，占据了文坛的主要地位。韩愈倡导古文，在文坛上留下了光辉的一页。

韩愈《奉和虢州刘给事使君三堂新题二十一咏·北楼》诗意图

【心灵语丝】

"天将降大任于斯人也,必先苦其心志,劳其筋骨"。因此,逆境是强者攀登高峰的垫脚石,是弱者走向毁灭的万丈深渊。一旦身处逆境,最重要的是要有信心,有恒心,有勇气,有毅力,有实干精神,即使眼看山穷水尽,仍要想到会峰回路转,柳暗花明。自古以来,所有能成就一番大事业的人无一不是脚踏实地、努力奋斗的人。临渊羡鱼,不如退而结网。唉声叹气不是办法,只有信心十足地去干,才能走出困境。

【名人、名言点拨】

业精于勤,荒于嬉。行成于思,毁于随。　　　　——韩愈

人的生命,似洪水在奔流,不遇着岛屿、暗礁,难以激起美丽的浪花。　　　　——奥斯特洛夫斯基

坚 持 做 自 己

　　唐代大诗人刘禹锡性格耿直,经常因为直言相谏而得罪权贵。他的仕途十分坎坷,曾经先后贬至连州、朗州等地。十年之后,因为宰相十分赏识他,他又有机会回到京城。一次,他与友人一起去崇业坊的玄都观游玩。他回想起自己十年的遭遇,百感交集写了一首《元和十年自朗州承召至京戏赠看花诸君子》:

　　紫陌红尘拂面来[1], 无人不道看花回。
　　玄都观[2]里桃千树[3],尽是刘郎去后栽[4]。

　　诗的后两句讽刺了当朝众多的现任大官,所以因为这首诗,刘禹锡又被贬到播州。播州地处唐朝最边远荒僻的地区,但是刘禹锡并没有因为这件事磨掉自己的性格。十四年以后,刘禹锡才被召回长安。又一次来到玄都观,他不由得感慨万千:

　　百亩庭中[5]半是苔,桃花净尽[6]菜花开。
　　种桃道士[7]今何处?前度刘郎今又来。

虽然尝尽了被贬的苦头,但是他从不为以前的所作所为而后悔,就算会得罪权贵,他还是坚持着做着那个耿直的自己。

【心灵语丝】

对于我们深信不疑的东西是应该坚持的,不能因为个人的利益失掉自己的个性,要坚持做自己。在现实的世界里,能够做自己的人并不多,因为社会磨掉了大部分人的性格。所以,我们应该做的是成为自信且执着的自己,勇敢地向前看。

【古诗注解】

[1] 紫陌红尘拂面来:道路上车辆杂沓,人声嘈杂,当面而来。

[2] 玄都观:在西安城内。

[3] 桃千树:桃树多。暗喻在朝之官多。

[4] 尽是刘郎去后栽:都是我(刘禹锡)被贬后栽的。喻政治改革失败。

[5] 百亩庭中:指玄都观百亩大的观园。

[6] 净尽:净,空无所有。尽:完。

[7] 种桃道士:暗指当初贬斥刘禹锡的权贵们。

崔橹的"负荆请罪"诗

诗人崔橹[1]极爱喝酒,而且一喝就要喝个大醉不可。更使人难以忍耐的,他在喝醉后往往还不想让同伴早些走。一天在公宴场合,喝醉的崔橹拉着郎中陆肱的手不放,说是他得再陪他喝上一盅。知道崔橹性格的陆肱本已经站起来却又只得违心地坐下,心想,不能因为喝酒把他跟同事间的关系闹僵了。谁知这时崔橹竟开始用极为难听的话语侮辱陆肱,他觉得非常委屈和气愤,当即拂袖而起,愤愤然地扬长而去。整个宴会闹得不欢而散。

第二天早上一醒来,崔橹对于昨晚的事情还有点记忆。自己贪酒强留别人,竟然还去侮辱陆肱。想想自己这坏毛病也确实令人难以接受,遂在悔恨之余写了一首七绝诗来向陆谢罪,其诗云:

醉时颠蹶[2]醒时羞, 曲糵[3]催人不自由。
叵耐[4]一双穷相[5]眼,不堪花卉在前头。

陆肱读了崔橹这出自肺腑的真诚的谢罪诗,不觉对之宽厚一笑,也就原谅了崔昨晚那鲁莽的行为了。此后,崔便再也不敢像原来那样纠缠着人家来喝酒。后来,他索性就把平生贪酒的坏习惯也给改了。

【心灵语丝】

坏的习惯容易耽误一生,而好的习惯可以使你走向成功。一个人的习惯是很难改变的,但并不是不可改变的。

要改掉坏习惯,培养好习惯,只需做好三步即可。首先要分清哪些是好习惯,那些是坏习惯。其次是改变。这是一个比较令人头疼的问题,因为绝大多数人害怕改变,喜欢安于现状。尽管他们有时对现状不满,但如果真的让他做出行动,他就会退缩。最后是要行动。对于已有的好习惯要继续保持,对于坏习惯要坚决改掉,对于不具备的好习惯要悉心培养。如当你决定做一件事时,就应该立刻行动起来。

【古诗注解】

[1] 崔橹,唐代诗人,进士,曾任棣州司马。诗作以绝句成就最高,今存诗十六首。他的诗作风格清丽,托物言志。

[2] 颠蹶:犹癫狂。

[3] 曲蘖(niè蘖):酒的代称。本意指酒母。亦称"麴蘖"。

[4] 叵耐(pǒ nài 颇奈):不可容忍、可恨。

[5] 穷相:贫贱的相貌,小家子气。

高蟾愤然著诗

晚唐时期,科举场上徇私舞弊的现象日益显露。诗人高蟾天资聪颖,为人很重气节。但是由于出身于贫寒家庭,他参加进士考试的路途一再受挫。又是一年省试,高蟾不出意外又落榜了。多年来不得意的情感郁积,心里有着无限酸楚和怨愤的高蟾,当下向主考官高侍郎赋赠了一首诗:

天上碧桃和露种,日边红杏倚云栽。
芙蓉生在秋江上,不向东风怨未开!

此诗一开始就用"天上碧桃"、"日边红杏"来作比拟。比拟都有所指,也意味着这些举子春风得意、前程似锦。后两句表面只怪芙蓉生得不是地方、不是时候,却暗寓自己生不逢时的悲慨。他这首不卑不亢的诗作,既有对不公正的竞争体制的控诉,更有对自己的才学的自信,流露出一种孤芳自赏的无奈。高侍郎在仔细研读了之后,对他的遭遇颇为同情,又欣赏他的勇气和自信。在读了高蟾其他的作品之后,高侍郎觉得高蟾确实是很有水平的,于是极力向王公大臣举荐高蟾的出众才华。第二年,由于高侍郎的大力推荐,经过了十年磨难之后的高蟾终于顺利地考中了进士。在昭宗年间(896年前后),高蟾还做到了御史中丞的官职。

【心灵语丝】

如何面对不公平的竞争?是自古到今都面临的问题。高蟾在这种环境下没有成为趋炎附势的牺牲品,而是保持自己的品格提出质疑和反抗,这是他成功的因素。所以,在遭遇不公正待遇的时候,并不能一味地消沉和自卑,更不能简单地认输和妥协,而是要不断地完善自我,敢于提出自己的观点,坚信自己是那块终会发光的金子。

【古诗印记】

《上高侍郎》关于此诗题,《全唐诗》作《下第后上永崇高侍郎》。《唐才子传》:"(高蟾)初累举不上,题诗省墙间曰:'冰柱数条搘白日,天门几扇锁明时。阳春发处无根蒂,凭仗东风次第吹',怨而切。是年人论不公,又下第。上马侍郎云。"

高蟾,河朔人。乾符三年(876),登进士第。乾宁间,为御史中丞。

让理想照进现实

黄巢(？—884)，曹州冤句(今山东曹县西北)人，原本是一个盐商。曾到长安参加科举考试，后领导农民起义，统帅几十万大军，史称"黄巢起义"。起义直捣洛阳，占领了长安。在长安建立大齐国，黄巢登基，年号金统。从起义至战败自杀，前后总共十年的时间。英雄一去事业尽，惟有豪气诗长存。

黄巢曾参加过科举考试，据说落榜后写了一首《菊花》：

待到秋来九月八[1]，我花开后百花杀[2]。
冲天香阵[3]透长安，满城尽带黄金甲[4]。

把它与黄巢起义结合起来读，是历史的巧合，是诗人的理想，也或许是后人的附会和联想。

黄巢还有一首诗《题菊花》：

飒飒[5]西风满院栽，蕊寒香冷蝶难来。
他年我若为青帝[6]，报与桃花一处开[7]。

这首诗是在"黄巢起义"的过程中所作，这首诗比上一首更明确,"我若为青帝",青帝,是春神,掌管花事。把菊花比喻为劳苦大众,要让百姓同享春天的阳光雨露。这是黄巢的政治抱负,更是他毕生追求的理想。

【心灵语丝】

理想是暮色天空中闪烁的星星,是黑夜里指路的灯塔。有理想的人本身就是富足的,因为也许沿途的路是黑暗坎坷,但总有一天他能拥抱前方胜利的大树。生活或许会消磨掉许多人的梦想,他们的精神世界会显得盲目和虚弱,所以失去梦想的人是可怜的和麻木的。给自己的心留一块空地,放一个梦想在里面,在现实的生活中,让这个梦想去领着你在现实的世界里往前走。

【古诗注解】

[1] 九月八:古代九月九日为重阳节,有登高赏菊的风俗。说"九月八"是为了押韵。

[2] 杀:凋谢。

[3] 香阵:阵阵香气。

[4] 黄金甲:金黄色的铠甲,此指菊花的颜色。

[5] 飒飒:风声,多指秋风声。

[6] 青帝:春神,掌管百花之神。

[7] 犹言他年我若当上皇帝,定将改天换地。

世态炎凉当自知

王播(759—830),字明敫,太原(今山西太原市西南)人。王播幼年父母双亡,生活困顿。他为了生存,只能寄居扬州惠照寺。一日两餐,随寺院和尚吃斋饭。天长日久,住持、和尚们的态度逐渐发生变化,对他冷嘲热讽。他只得忍气吞声,加倍刻苦学习。

寺院有规矩,到了用斋饭的时间,敲钟为号。和尚为了作弄王播,就在众僧用过斋饭之后再敲钟,等他赶到斋堂,早已人去堂空,有时残羹冷菜,有时连饭都没得吃的,怪可怜的。这种尴尬难为情的日子过了很久,在离开寺院赴京赶考那天,他在住房的墙壁上题了一首诗,讽刺了和尚的势利。

王播赶考中进士后,官位一步一个台阶,曾两次居相位。二十多年后,唐穆宗长庆年间,他重游惠照寺。住持惊恐不已,特意把他在墙上题的诗作为珍贵的墨宝,用纱布罩起来。

故地重游,王播来到曾寒窗苦读多年的小屋,窗明几净,焕然一新。他感慨万千,当即又在墙壁上挥笔写下《题木兰院二首》:

二十年前此院游，　木兰花发院新修。
而今再到经行处，　树老无花僧白头。
上堂已了各西东[1]，惭愧阇梨[2]饭后钟。
二十年来尘扑面[3]，如今始得碧纱笼。

世态炎凉自在不言中。他两次官至宰相，人生大起大落，对冷暖已经特别敏感。

【心灵语丝】

人情冷暖，世态炎凉，人生中有许多的事情并不能够一帆风顺。面对挫折和困难的时候，有些人迎头而上，追求自己的梦想，而有些人却自怨自艾，渐渐被一些势利的嘲笑吞没。

其实，人生就是如此，不断有人在你身上加上不同的标签，寻求他们认为的价值和好处。只有调整好自己的状态，不沉浮在这些外界的嘈杂之中，我们的心才能寻求到一丝的宁静。

【古诗注解】

[1] 上堂已了各西东：斋堂用饭时间已过了，和尚各自走了。
[2] 阇(shé)梨：高僧，这里指住持。
[3] 二十年来尘扑面：早年题在墙上的诗。

韬光养晦的处世哲学

李忱[1]是唐宪宗第十三个儿子,唐穆宗的弟弟,唐朝第十八位皇帝唐宣宗。李忱幼年时,话很少,谁也没把他当回事,经常捉弄他,欺负他,拿他开玩笑。李忱成年后也没显现过人之处。为提防武宗以及其他宗室的猜忌,他干脆隐居庐山,与世隔绝,以青灯黄卷为伴,渐渐淡出了皇族的视线。

庐山有一禅师善于相面。在一次登山观景中,两人偶然相遇,禅师观察李忱,虽然穿着普通的便服,仍然气宇轩昂,眉宇间有一股英气。禅师早先听说有皇家人避险隐匿至此,于是就想试探一下。禅师说:"我得了一联咏瀑布的句子,但后面的接不上了。"李忱说:"说一说,看我能对否。"禅师吟道:

千岩万壑不辞劳[2],远看方知出处高[3]。

这实际是在暗示李忱的身份。李忱心知肚明,接着禅师的意思续了下联:

溪涧岂能留得住,终归大海作波涛。

奔腾瀑布,山间小溪容纳不下,必将冲破重重阻碍,回归大海。禅师明白了他的用意,连连称赞:"好,好,终有一日,潜龙归海作波涛。"

公元847年,李忱在宦官马元贽等人的拥立下,登上皇位。后世称"小太宗",在晚唐几个皇帝中是最有业绩的一位。

【心灵语丝】

韬光养晦是大智慧,并不是妥协和退让。适当的收敛锋芒是一种明智的态度,善于沉默是一种修养。沉默让人捉摸不定,可能就更有份量。

韬光是隐藏自己的光芒,养晦是处在一个相对不显眼的位置。它和低调的意思基本相同,这是一种优秀的策略。能够在忍辱负重的同时发愤图强,才算是韬光养晦;而固步自封,不思进取,只知一味退让,决不能说是韬光养晦。

【古诗注解】

[1] 李忱,即唐宣宗,唐朝第十八位皇帝,初名李怡,封光王。在位十三年。他曾经为祖宗基业做过不懈的努力,这无疑延缓了唐帝国走向衰败的大势,但是他又无法彻底扭转这一趋势。

[2] 不辞劳:拟人色彩。

[3] 出处高:双关语,明里说只有从长远处才能看清楚瀑布出自云间峰上,暗里指人的壮志凌云。

自导自演求关注

陈子昂[1]，唐代文学家，初唐诗文革新人物之一。他字伯玉，因曾任右拾遗，后世称为陈拾遗。其存诗共一百多首，其中最有代表性的是《感遇》诗三十八首和《登幽州台歌》。

陈子昂初到长安，是无名之辈。一天，他在街上闲逛，看见一堆人围着卖胡琴的人观赏问价。一把琴要价百万，当时胡琴是罕见之物，中原人并不熟悉。许多人传看了一番，但没人买。陈子昂挤进人群，然后对旁边的人说："我买了。"众人惊诧不已，他接着说道："明天到宜阳里这个地方集合，我擅长这个乐器，愿意为大家演奏。"

第二天，众人如期而至，陈子昂摆上了佳肴酒席，将琴放在前面，与众人把酒言欢。宴会结束后，他捧着胡琴说："我陈子昂是四川人，有诗文一百篇。在京城忙忙碌碌，四处求人，至今不为人知。这把琴是普通工匠制作的，哪里值得珍视。"接着将琴高高举起，用劲一摔，琴应声而碎。然后他将自己的诗文赠送给每一位在场人。一日之内，声誉鹊起，名满京城。

摔琴后，陈子昂果然进士及第。但是因为进言，他连受挫折，报国无门，因此登上幽州台，愤然写下了《登幽州台歌[2]》：

前不见古人， 后不见来者[3]。
念天地之悠悠，独怆然而涕下。

【心灵语丝】

伯乐很忙，因为千里马都被埋没在马厩里。在我们的价值观中，毛遂自荐多少带着一点傲气和不羁。所以，为了不给人一种哗众取宠的浮夸感，自荐的前提条件显得尤为重要。

不鸣则已，一鸣惊人。既然是求关注，身上必定要有闪光点，这样才能吸引别人的目光。所以，毛遂自荐的第一步就是完善自己的自身条件。其次，毛遂自荐是需要勇气和毅力的，因为并不是所有的人都能敢于成为人群的中心。

【古诗注解】

[1] 陈子昂（661—702），字伯玉，梓州射洪（今属四川）人。因痛感自己的政治抱负不能实现，辞官返乡，为县令段简诬陷，入狱，忧愤而死，年仅四十二岁。

[2] 歌：就是歌行体，非律诗。

[3] 古人、来者：都是指贤君，那些重视人才的君王。

自大的后果

章孝标[1]字道正,唐代诗人。第九次科举考试落榜,他不像当时大部分落榜的考生一样写诗讽刺主考官,而是写了

章孝标《归燕词辞工部侍郎》诗意图

一首奉承的,题为《归燕词辞工部侍郎[2]》:

旧垒危巢泥已落,今年故向社前归。
连云大厦无栖处,更傍谁家门户飞。

主考官反复吟咏,认为章没被录取是遗才。第二年章孝标苦尽甘来,一举中榜。马上写了一首诗《及第后寄广陵故人》:

及第全胜十政官,金汤镀了出长安。
马头渐入扬州郭,为报时人洗眼看。

十年的拼搏才中进士,高兴是应该的。不过,他的诗却已经是到了得意忘形的地步。他将这诗寄给李绅,李绅看后,想讽刺章一下,写了一首《答章孝标》诗:

假金方用真金镀,若是真金不镀金。
十载长安得一第,何须空腹用高心。

直接就指出章孝标是块假金子,自视很高,只知道夸耀自己。章孝标知道后感到很惭愧,很后悔。

【心灵语丝】
每个人都会有成功的时候和失败的时候,不能因为成功就洋洋得意,忘乎所以。我们要随时都保持平和的心态,不可以太骄傲。当然,碰到失败也不能自暴自弃,这种时候就应该进行自我总结,找到问题的来源,并对症下药。骄傲自大是不可取的,它只会让人走向愚蠢和粗俗。

【注释】

[1] 章孝标(791—873),字道正,浙江桐庐人,章八元之子,诗人章碣之父。

[2] 归燕词辞工部侍郎:归燕词:燕归去之诗;辞:告别;工部掌经营兴造之事务;侍郎:工部的副职,相当于现在的部长、副部长级别。

唐太宗诗悼魏徵

唐太宗李世民是唐朝的第二个皇帝。他在位期间,开创了历史上著名的"贞观之治"。他也是历史上最著名的政治家和明君之一。唐太宗积极听取群臣的意见,所以在贞观时期,出现了一大批敢于直言进谏的大臣,一代名臣魏徵就是他们的典型代表。魏徵经常在朝堂之上当着众人的面就指出唐太宗的过失,据理力争。即使引起了太宗的不快,仍能坚持己见,毫不退缩。

有一次,唐太宗在花园里玩一只小鸟,魏徵老远就已经看到了,他担心皇帝玩物丧志,就上前跟太宗"商讨国事"。太宗把鸟藏到怀里,认真听魏徵谈论国家大事。到了最后魏徵走的时候,太宗才发现鸟早已经憋死了。

唐太宗虚心纳谏,魏徵直言进谏。朝廷上树立起群贤进谏的开明的政治局面,国家一时之间政治清明,百姓安居乐业。贞观十七年,魏徵去世,唐太宗悲痛不已,大呼:"夫[1],以铜为镜,可以正衣冠;以史为镜,可以知兴替;以人为镜,可以明得失。魏徵殁,朕亡一镜矣!"这句话可以说是对魏徵人生价值的最高评价。后来他又命人把魏徵的画像挂在凌烟阁上,位列唐朝功臣之间。太宗独自一人登上凌烟阁,默默凝视着魏徵的画像,回忆往事,不禁悲从中来,吟出一首挽诗

《悼魏徵》：

劲条[2]逢霜催美质，台星失位夭[3]良臣。

惟当掩泣云台上，空对余形[4]无复人。

【心灵语丝】

兼听则明，偏听则暗。每一个人都不可能是完美的，所以在一些问题的处理上还是要积极地听取其他人的建议。很多事情我们不能一意孤行，多综合大家的意见并不会丧失自由和独立，而是对事情、对人生负责的表现。以人为镜，可以明得失。有的时候身边中肯的意见并不是挑刺或是故意的刁难，而是那些真正的朋友善意的提醒和帮助。

【古诗注解】

[1] 夫：句首发语词。

[2] 劲条：强劲的树枝。

[3] 夭：死。这里指魏徵的逝世。

[4] 余形：魏徵的画像。

不拘一格降人才

马周,字宾王,他自幼父母双亡,孤苦伶仃。不过,他为人十分聪明好学。通过不懈的努力,不到二十岁的时候就已经满腹经纶。然而他生性狂放不羁,当时的权贵没有人看重他,但是他坚信自己能干出一番大事业。

公元632年(唐贞观五年),唐太宗要求在朝官吏每人都要写一篇关于时政得失的文章。当时马周在常何手下做事,常何是个武将,不会舞文弄墨。皇帝要他写文章,他十分着急。马周得知了这个消息,便主动提出替常何写这篇文章。常何把马周写的这篇关于时政的文章呈给了唐太宗看,李世民看过后大吃一惊,他知道常何不擅长文才,怎么也能写出这么透彻的文章来。常何为人诚实,便老老实实地对皇帝说:"臣没有这个本事,这是臣的门客马周代臣写的。"李世民一听常何门下居然有这么一个奇才,很高兴,立刻召见马周。唐太宗见到马周时,就感到这个人非同一般。他和颜悦色地和马周谈起了当时政治局势以及为政之道。马周侃侃而谈,从古至今的为政得失谈得非常细致,让李世民大为惊叹,直叹相见恨晚。立刻让马周到掌管机要的门下省任职。

马周终于有了用武之地,他十分感激唐太宗的信任。他觉得自己得到的不仅是高官厚禄,更得到了一个充分发挥才能的机会。唐太宗曾经对左右的人说,我一天见不到马周就想他。可见马周在李世民心中的地位是很高的。到了公元645年(贞观十八年),马周当上了宰相(中书令)。他同时还兼任皇太子李治的老师。唐太宗为了表彰马周对国家做出的巨大贡献,亲自为马周题辞:"鸾凤凌云,必资羽翼。股肱之寄,诚在忠良。"

【心灵语丝】

人才的定义是多种多样的,不能因为学习成绩不行而抱怨。在重视素质教育的今天,应该多关注自己的兴趣点,让自己的热情去指导你的人生。

贺知章求饼

唐朝大诗人贺知章有《题袁氏别业》诗,云:

主人不相识,偶坐为林泉。
莫漫愁沽酒,囊中自有钱。

诗中"林泉"一词,指山林与泉石;此指隐居之地。他在西京宣平坊有一所房子。他家对门有一个小板门,经常看见有一个老人骑着驴在那儿出入。过了五六年,那老人的脸色衣服仍然像原来一样,没有变化,人们甚至没有见过他的家属。询问巷中的邻里,都说他是西市卖穿钱绳索的王老伯,再也不知道别的情况。贺知章经常在空闲的时候到王老伯那里去。由于和他往来增多,贺知章更加尊敬他了。言谈之中贺知章知道他善于修道炼丹之术。贺知章平时就尊信道教,所以愿意拜老人为师。

后来贺知章和夫人拿一颗明珠,说是在家乡的时候得到的,珍藏了多年,特地敬献给老人,请求老人给讲授道法。老人接过之后就把明珠交给童子,让他买饼来,童子用明珠换来三十多个烧饼,并请贺知章吃。贺知章自己心想,宝珠是特意送给老人的,可老人却如此轻用。心里很不愉快。老人

贺知章《题袁氏别业》诗意图

已经察觉,说:"道术可以心得,哪里是在于力争呢?悭惜之心不停止,道术没有理由成功。应当到深山穷谷中,勤奋地、专心致志地探索寻取它,不是市朝所能传授的。"贺知章听了颇有心得,领悟了老人的意思,拜了老人就离开了。过了几天,老人不见了。贺知章于是请求辞官,入道还乡了。

春风得意马蹄疾

唐朝诗人孟郊一生不得志,屡试不第,四十六岁才考中进士。相当的激动,诗人表现自己最好的方式就是写诗,于是就有这首著名的《登科后》:

昔日龌龊[1]不足夸,今朝放荡[2]思无涯。
春风得意马蹄疾,一日看尽长安花。

一朝及第,孟郊仿佛一下子从苦海中超度出来,登上了欢乐的顶峰。所以,诗一开头就直接倾泻心中的狂喜,说以往那种生活上的困顿和思想上的不安再也不值得一提了,此时金榜题名,终于扬眉吐气,自由自在,真是说不尽的畅快。他得意洋洋,心花怒放,便迎着春风策马奔驰于长安道上。人逢喜事精神爽。此时的孟郊神采飞扬,不但感到春风骀荡,大道平阔,就连自己的骏马也四蹄生风了。偌大一座长安城,却被他一日看尽。这首诗不仅活灵活现地描绘了他高中之后的得意之态,还酣畅淋漓地抒发了得意之情,明朗畅达而又别有情韵。因而,这两句诗成为人们喜爱的千古名句。

【心灵语丝】

十年寒窗无人识,一举成名天下知。当你金榜题名时,你会发现自己的付出不仅是值得的,更有很多意想不到的收获!

【古诗注解】

[1] 龌龊:指处境不如意和思想上的拘谨局促。
[2] 放荡:自由自在,无所拘束。

浪子回头金不换,大器晚成看应物

韦应物(737—792 或 793),唐代诗人。官至苏州刺史、左司郎中。为官清廉刚直,关怀民间疾苦。擅长山水田园诗,有名作《滁州[1]西涧[2]》:

独怜[3]幽草涧边生,上有黄鹂[4]深树[5]鸣。
春潮[6]带雨晚来急,野渡[7]无人舟自横[8]。

唐玄宗时,皇家有一支由三卫府的三卫郎组成的扈从仪仗队。每逢皇帝出行,都从旁护卫。这些三卫郎大多是高级官员子弟,骄纵无比,横行霸道。韦应物年轻时为三卫郎中一员,出身于落魄的官僚家庭。十五岁时当上三卫郎,弓马娴熟,但目不识丁,仗势欺人,是典型的长安恶少。

公元 755 年,安史之乱起,玄宗逃往成都,三卫府解散。韦应物无法谋生,受人歧视,于三年后去了太学读书。但已二十二岁,自觉"读书事已晚"。再过三年玄宗去世,韦应物彻底失去依靠,逐渐被人排斥甚至受人欺负。他终于发奋读书。他二十几岁才开始学习,等到真正会作诗,已经三十多岁了。韦应物算是大器晚成,从他身上更是印证了一句话:有志不在年高!说得通俗一点,就是"想做不需要理由,不想做总会有借口"。韦应物为官期间,清正廉明,不肯阿附权贵,一心一意为百姓办事,是个不可多得的父母官。他的一生,前后判若两人,而且把两种人都做到了极致,真是不枉此生!

【心灵语丝】

知错能改,善莫大焉。犯了错不要紧,重要的是能认识自己的错误,及时改正错误,并从错误中吸取教训,这样,才能使人进步,使人类进步。

【古诗注解】

[1] 滁(chú)州:今安徽省滁州市。
[2] 西涧:滁州城西郊的一条小溪,人称"上马河",即今天的西涧湖(原滁州城西水库)。
[3] 独怜:独爱,一种对幽草的独情。
[4] 黄鹂:黄莺。
[5] 深树:树荫深处。
[6] 春潮:春天的潮汐。
[7] 野渡:荒郊野外无人管理的渡口。
[8] 横:指随意漂浮。

王勃与当仁不让

王勃(649—675),字子安,绛州龙门(现在山西河津)人,初唐文学家。与杨炯、卢照邻、骆宾王并称"王杨卢骆",亦称"初唐四杰"。代表作《滕王阁序》[1]、《送杜少府之任蜀州》。

上元二年(675)秋,王勃前往交趾看望父亲。路过南昌时,正赶上都督阎伯屿新修的滕王阁落成,重阳日在滕王阁大宴宾客。王勃前往拜见,阎都督早就听说他的名气,便请他也一同参加宴会。

其实阎都督此次宴客,实际是为了向大家夸耀女婿孟学士的才学。他让女婿事先准备好一篇序文,在席间当成是即兴创作。宴会上,阎都督假意请诸人为这次盛会作序。大家都明白他的用意,所以都推辞不写。而王勃虽然只是二十几岁的青年晚辈,竟然有勇气不推辞,接过纸笔,当众挥毫写起来。阎都督很不高兴,拂衣而起,走到了帐子后面。但是他还是很好奇王勃写些什么,于是就派人通报。听说王勃开头写道"豫章故郡,洪都新府",都督心里想:不过是老生常谈罢了。又听说下一句是"星分翼轸,地接衡庐",他沉吟不语。等听到"落霞与孤鹜齐飞,秋水共长天一色",都督不得不叹服道:"此真天才,当垂不朽!"于是,都督走出来热情地招待王勃,这一段故事也被后世传为佳话。

【心灵语丝】

俞伯牙如果不是所到之处都弹琴赋志,高山流水就可能错过钟子期这个知音。压在盐车下的千里马,如不引颈长鸣,伯乐又怎么能认定它是千里马。可见,适当表现自己,宣传自己,这对一个人的成功非常重要。但是表现自己,必须掌握分寸。如果时时、处处、事事都想出风头,显露自己,张扬自己,这样不仅得不到别人赏识,反而会使人反感。表现自己,要适度;表现自己,要凭真本事;表现自己,要找最佳时机。

【古诗注解】

[1]《滕王阁序》全称《秋日登洪府滕王阁饯别序》,亦名《滕王阁诗序》,骈文名篇。滕王阁在今江西省南昌市。"落霞与孤鹜齐飞,秋水共长天一色",是其中的名句。

【古诗印记】

《唐才子传》记道:"勃欣然对客操觚,顷刻而就,文不加点,满座大惊。"唐人段成式《酉阳杂俎》说:"王勃每为碑颂,先磨墨数升,引被覆面卧,忽起一笔数之,初不窜点,时人谓之腹稿。"据此可知王勃文思敏捷,滕王阁上即兴而赋千古名篇,并非虚传。

薛涛以柳絮喻己

唐朝女诗人薛涛自小聪慧,八九时就能作诗,父亲死后,薛涛与母亲居于成都,二人相依为命,生活窘困。十六时她颇有姿色,通音律,善诗文,迫于生计而沦为乐妓。

唐德宗贞元年间,当时的剑南西川节度使韦皋十分喜爱薛涛,多次将其召到帅府侍宴赋诗。还突发奇想授予薛涛"校书"一职。虽然上表朝廷未被准奏,但"薛校书"之名不胫而走,广为流传。在她的交际圈中有权倾一方的节度使、著名文人、幕府佐僚、贵胄公子和禅师道流,可谓名动一方。但作为歌妓,薛涛虽然常出入达官贵人之所,会见高人名士,但内心却深为自己的境遇感到痛苦。有一次,有位朝廷重臣入川,慕名请她侍酒吟诗,她身不由己,只好强颜欢笑。事后,她写《柳絮》一首,以貌似飘飘飞舞极为烂漫但实则无依无靠的柳絮自比:

二月杨华轻复微,春风摇荡惹人衣。
他家本事无情物,一任南飞又北飞。

晚年的薛涛,身着女冠服,深居简出,孤独终老。

【古诗印记】

据《名媛诗归》记载"涛八九岁知音律,其父一日坐庭中,指井梧示之曰:'庭除一古桐,耸干入云中。'令涛续之,即应声曰:'枝迎南北鸟,叶送往来风。'"父愀然久之。

贪念是一把利刃

王韫秀[1]是唐代为数不多的名媛诗人。她自小聪慧,才识过人,嫁给元载为妻。因元载家境贫寒,婚后住在岳父府上,古时这种事叫入赘,这是极没面子的事。王韫秀劝夫另谋出路,元载也觉得憋屈。他毅然决然去求功名,王韫秀看丈夫觉醒了,她决定随夫同行,激励夫君,并写了一首诗《同夫游秦》:

路扫饥寒迹,天哀志气人。
休零离别泪,携手入西秦。

元载天资聪明,数年之后进士及第,又在李辅国的帮助下,登上宰相之位。他千方百计排斥异己,独揽大权,势倾朝野。元载府上门庭若市,趋炎附势的小人围绕在他周围,行贿的行贿,索贿的索贿,乌烟瘴气。王韫秀是明白人,知道长期这样下去不行,要想办法,就写了一首诗《喻夫阻客》:

楚竹燕歌动画深,更阑重换舞衣裳。
公孙开阁招嘉客,知道浮云不久长。

但是,元载没有悔悟,终因为贪污被赐死,抄家。王韫秀也因抗旨被杀。原本是一个积极向上的励志故事,却因为一个贪字,元载断送了好的前程和自己的后半生。

【心灵语丝】

"人心不足蛇吞象"。小猴子掰玉米,掰一个丢一个,最后手里仍然是一个玉米。这个时候并不是猴子顽皮或嫌多,而是猴子太贪心,所以事与愿违。物极必反,我相信很多人都听说的,可也有很多人不明白其中的道理。人的贪欲太盛,到了丧失理性的地步,最后只会害了自己。而有的时候知足者才会长乐,所以多珍视自己手里的东西,用平常心去面对那些高高在上的东西,或许人生会过得更加的富足和安乐。

【古诗注解】

[1] 王韫秀(约741—777),唐代名媛诗人,祖籍祁县,后移居华州郑县(今陕西华县)。河西节度使王忠嗣之女。

www.ingramcontent.com/pod-product-compliance
Lightning Source LLC
Chambersburg PA
CBHW070802230426
43665CB00017B/2462